編者的話

「指定科目考試」是進入大學的主要管道，自 104 學年度起，各大學會依照科系的需求，分發入學採計指定科目考試，各招生校系採計科目由現行 3 到 6 科，降爲 3 到 5 科作爲招生入學的標準。因此「指考」每一年度的考題，對考生而言都非常重要，都具有參考及練習的價值。

爲了提供同學珍貴的資料，我們特別蒐集了 106 年度指考各科試題，做成「**106 年指定科目考試各科試題詳解**」，書後並附有大考中心所公佈的各科選擇題參考答案，及各科成績一覽表，同學在做完題目之後，不妨參考那些統計表，就可以知道有哪些科目需要加強。

這本書的完成，要感謝各科老師協助解題：

英文 / 謝靜芳老師・蔡琇瑩老師・李冠勳老師
　　　葉哲榮老師・謝沛叡老師・藍郁婷老師
　　　劉　毅老師
　　　美籍老師 Laura E. Stewart
　　　美籍老師 Christian Adams

數學 / 劉 星老師

歷史 / 洪 浩老師　　　地理 / 劉成霖老師

公民與社會 / 羅 文老師 / 吳 曄老師

物理 / 陳怡婷老師　　　化學 / 陳 毅老師 / 劉 鳴老師

生物 / 詹宗岳老師　　　國文 / 李雅清老師

另外，也要感謝白雪嬌小姐設計封面，黃淑貞小姐、蘇淑玲小姐負責打字及排版，李冠勳老師協助校稿。本書編校製作過程嚴謹，但仍恐有缺失之處，尚祈各界先進不吝指正。

劉 毅

目　錄

106 年大學入學指定科目考試試題
英文考科

第壹部分：選擇題（占 72 分）

一、詞彙（占 10 分）

說明： 第 1 題至第 10 題，每題有 4 個選項，其中只有一個是正確或最適當的
選項，請畫記在答案卡之「選擇題答案區」。各題答對者，得 1 分；
答錯、未作答或畫記多於一個選項者，該題以零分計算。

1. Martha has been trying to _____ her roommate since their quarrel
   last week, as she doesn't want to continue the argument.
   (A) overgrow   (B) bother   (C) pursue   (D) avoid

2. As David finished the last drop of the delicious chicken soup, he
   licked his lips and gave out sounds of _____.
   (A) contentment (B) dominance   (C) explosion   (D) affection

3. After several rounds of intense fighting, the boxer punched his
   _____ right in the face, knocked him out, and won the match.
   (A) performer   (B) attendant   (C) opponent   (D) messenger

4. Watch out! The bench has just been painted. You can fan the wet
   paint if you want to _____ its drying.
   (A) fasten   (B) hasten   (C) lengthen   (D) strengthen

5. Warm milk _____ sleepiness. So if you have trouble falling
   asleep, try drinking some warm milk before going to bed.
   (A) conceals   (B) recruits   (C) absorbs   (D) induces

6. Having worked five years as a data processor in a small town, Alice
   is tired of the routine of her job and the _____ of her life.
   (A) disturbance (B) salvation   (C) remainder   (D) monotony

7. Peter has never been on time to meetings or appointments. It would be interesting to look into reasons why he is _____ late.
   (A) chronically (B) hysterically (C) simultaneously (D) resistantly

8. The film *Life of Pi* won Ang Lee an Oscar in 2013 for Best Director—one of the most _____ awards in the movie industry.
   (A) populated (B) surpassed (C) coveted (D) rotated

9. According to environmental scientists, the earth is likely to experience significant _____ changes within the next century.
   (A) provincial (B) ecological (C) authentic (D) redundant

10. Traditional Chinese medical practices include _____ remedies, which use plants, plant parts, or a mixture of these to prevent or cure diseases.
    (A) herbal (B) frantic (C) magnetic (D) descriptive

二、綜合測驗（占 10 分）

說明：　第 11 題至第 20 題，每題一個空格，請依文意選出最適當的一個選項，
　　　　請畫記在答案卡之「選擇題答案區」。各題答對者，得 1 分；答錯、未
　　　　作答或畫記多於一個選項者，該題以零分計算。

第 11 至 15 題為題組

　　France, home to such major fashion houses as Chanel, Dior, and Yves Saint Laurent, has joined Italy, Spain, and Israel in adopting laws against super-skinny models on catwalks or in ads.

　　The French government has passed a bill that will ___11___ the use of excessively skinny models. Modeling agencies violating the law can receive a fine of up to US$81,000, with up to six months in jail for staff involved. According to French officials, the measure aims to ___12___ the glorification of dangerously thin models.

　　Under the approved legislation, models will have to present a medical ___13___ that proves they are healthy before being allowed to work in the fashion industry. Moreover, they will be ___14___ regular weight checks. Modeling agencies will have to produce a medical report showing that their models have maintained a ___15___ body mass-to-height ratio. This bill is expected to change young women's view on the ideal female form.

11. (A) forecast　　(B) represent　　(C) criminalize　(D) distinguish
12. (A) put up with　(B) crack down on　(C) give in to　(D) look out for
13. (A) coverage　　(B) certificate　　(C) operation　　(D) prescription
14. (A) subject to　　(B) accustomed to　(C) blessed with　(D) familiar with
15. (A) healthy　　(B) pleasant　　(C) frequent　　(D) distinctive

第 16 至 20 題為題組

　　One factor that separates a living thing from an inanimate object is the organism's ability to carry out chemical reactions that are crucial for its survival. Imagine the infinite amount of reactions that a large organism such as human carries out every single day. ___16___ of these reactions are possible without enzymes.

　　Enzymes consist of various types of proteins that work to drive the chemical reactions ___17___ for certain types of nutrients to take effect. Enzymes can either launch a reaction or speed it up. In the absence of enzymes, reactants may take hundreds of years to convert into a usable product, if they are able to do so ___18___. This is why enzymes are crucial in the sustenance of life on earth.

　　Enzymes, ___19___, do not always function perfectly. In 1902 Sir Archibald Garrod was the first to attribute a ___20___ to an enzyme defect, which he later referred to as an "inborn error of metabolism." Today, newborns are routinely screened for certain enzyme defects such as PKU (phenylketonuria) and galactosemia, an error in the handling of the sugar galactose.

16. (A) Any　　　　　(B) All　　　　　(C) None　　　　　(D) More
17. (A) requires　　　(B) required　　　(C) requiring　　　(D) to require
18. (A) at all　　　　(B) at hand　　　　(C) at first　　　　(D) at ease
19. (A) hereafter　　　(B) instead　　　　(C) likewise　　　　(D) however
20. (A) disease　　　　(B) balance　　　　(C) measure　　　　(D) statement

三、文意選填（占 10 分）

說明：　第 21 題至第 30 題，每題一個空格，請依文意在文章後所提供的 (A) 到
　　　　(L) 選項中分別選出最適當者，並將其英文字母代號畫記在答案卡之
　　　　「選擇題答案區」。各題答對者，得 1 分；答錯、未作答或畫記多於
　　　　一個選項者，該題以零分計算。

第 21 至 30 題為題組

　　Hundreds of years ago, a savory idea—called the century egg—was hatched in rural China. As the story goes, a farmer found naturally preserved duck eggs in a muddy pool of water and slaked lime. After surviving a tasting, he set out to replicate them manually, resulting in a __　21　__ that would endure for centuries as a comfort food in Hong Kong, China and parts of Southeast Asia.

　　Though details of the century egg's discovery are undocumented, scientists estimate that it __　22　__ more than 500 years to the Ming Dynasty. And aside from some techniques used for large-scale production today, the egg preservation process has remained relatively __　23　__.

　　To make the eggs, a vat is typically filled with a combination of strong black tea, lime, salt and freshly burned wood ashes, and left to cool overnight. The next day, duck, quail, or chicken eggs are added to the __　24　__. Then they soak anywhere from seven weeks to five months—not for a century as the name __　25　__.

　　The century egg also __　26　__ many other names, such as hundred-year egg, thousand-year egg, or millennium egg. But no matter what it's called, this common snack has a rather uncommon taste and is often grouped by travelers with other ___27___ Asian foods such as chicken feet or snake soup. Getting beyond the egg's appearance is the first ___28___. Instead of being white with a bright orange yolk, the jelly-like egg takes on a less ___29___ dark brown and swampy green hue. There's also a pungent ammonia-like odor to contend with, which has earned the snack yet another nickname: the "horse urine egg."

While the century egg draws a following from older generations and curious travelers, it is falling out of ___30___ with the younger set, who are weary of China's preserved and fermented foods. The future of the humble snack is uncertain, but chefs in Chinese restaurants are still trying to preserve this nostalgic bite of culinary heritage.

(A) provokes   (B) exotic   (C) delicacy   (D) dates back
(E) refreshed   (F) implies   (G) appetizing   (H) mixture
(I) goes by   (J) unchanged   (K) challenge   (L) favor

四、篇章結構（占 10 分）

說明： 第 31 題至第 35 題，每題一個空格。請依文意在文章後所提供的 (A) 到
(F) 選項中分別選出最適當者，填入空格中，使篇章結構清晰有條理，
並將其英文字母代號畫記在答案卡之「選擇題答案區」。每題答對者，
得 2 分；答錯、未作答或畫記多於一個選項者，該題以零分計算。

第 31 至 35 題為題組

One of the most difficult things for a human to face is the loss of a limb. If a person loses an arm or a leg, he/she must be fitted with an artificial limb.

The situation is very different for a starfish. If a starfish loses an arm, it can grow a new one. ___31___ Snails can even regrow their heads—imagine what the world would be like if humans could do that. But we can't. Nor can we grow new limbs or even fingers. That's why scientists are studying animals that can regrow body parts, that is, regenerate. ___32___

Many different kinds of animals show some form of regeneration. Most of them are, however, limited to the sort a lizard is capable of, like regrowing a lost tail. A cockroach can grow back a missing limb, but the limb itself can't generate a new cockroach. ___33___ Bidirectional regeneration, on the other hand, refers to a situation in which splitting of an animal will result in separate fully functional animals. ___34___ Cut a hydra in half, and you'll get two hydras. Cut it into four pieces, and you'll get four.

___35___ A single one can be cut into hundreds of pieces and each will grow back into a whole in a week or so. Because of this remarkable ability, one planarian can be created over and over, giving it a sort of immortality. Whether this phenomenon can be achieved in humans will likely require years of research.

(A) Scientists call this unidirectional regeneration.
(B) Humans aren't completely without regenerative talents.
(C) The same thing happens for lobsters, salamanders, and many other animals.
(D) When it comes to regeneration, few animals can equal the magic of the planarian.
(E) This type of regeneration is demonstrated in a few animals, such as hydras and sea stars.
(F) They hope that this line of research will make regeneration possible in humans someday.

五、閱讀測驗（占 32 分）

說明： 第 36 題至第 51 題，每題請分別根據各篇文章之文意選出最適當的一個選項，請畫記在答案卡之「選擇題答案區」。各題答對者，得 2 分；答錯、未作答或畫記多於一個選項者，該題以零分計算。

第 36 至 39 題為題組

　　Often named as the most prominent contemporary female architect, Zaha Hadid, an Iraqi-born British woman, is significant for her intellectual toughness and her refusal to compromise on her artistic ideas.　For many years, her designs filled the pages of architecture journals but were dismissed as impractical or too radical.　Also, being female in a male-dominated field didn't help her succeed.

　　Despite these setbacks, **her star began to rise** when her design for Cincinnati's new Center for Contemporary Art was selected and built, earning her worldwide acclaim.　The New York Times described the building as "the most important new building in America since the Cold War."　Once her talent was recognized, commissions started coming in to design a variety of projects, including public transportation, libraries, and opera houses.　In 2004, Hadid became the first woman to win the prestigious Pritzker Prize.　She also won the Stirling Prize in 2010 and 2011.

　　Hadid's interest in architecture had roots in a trip her family took to the ancient Sumer region in southern Iraq, the site of one of the world's oldest civilizations, when she was a teenager.　She recalled: "The beauty of the landscape—where sand, water, reeds, birds, buildings, and people all somehow flowed together—has never left me.　I'm trying to discover —invent, I suppose—an architecture, and forms of urban planning, that do something of the same thing in a contemporary way."

　　Nature's forms appear as a recurrent source of inspiration for Hadid's architecture.　Her designs are daring and visionary experiments with space and with the relationships of buildings to their urban surroundings. She consistently pushes the boundaries of architecture and urban design in the pursuit of a visionary aesthetic that expresses her ideals.

36. According to the passage, what is a major factor in Hadid's success?
    (A) Her family support.　　　　(B) Her ethnic origin.
    (C) Her gender and education.　(D) Her vision and talent.

37. What does the author mean by "...**her star began to rise**..." in the second paragraph?
    (A) She started to make a fortune.　(B) She became more recognized.
    (C) Her designs became classical.　(D) Her ideas started to take shape.

38. What is the third paragraph mainly about?
    (A) The cultural background of Hadid's family.
    (B) The beautiful landscape of Hadid's hometown.
    (C) A vivid recollection of Hadid's life as a teenager.
    (D) A fundamental source of Hadid's architectural philosophy.

39. According to the passage, which of the following is true about Hadid's career in architecture?
    (A) She built the first Center for Contemporary Art in New York.
    (B) Her architecture projects mainly involve museums in urban areas.
    (C) Her works can be characterized as boldly contemporary and innovative.
    (D) Her early designs were often rejected because of her political background.

第 40 至 43 題為題組

　　Todd Bol, a retired businessman, could never have expected that a wooden container he built on his deck one day in 2009 would have the global impact it does today.

　　Bol built a dollhouse-size structure that looked like a schoolhouse on a post, and he put it on his lawn as a free community library to commemorate his mother, who was a book lover and school teacher. Bol's **prototype** gave birth to Little Free Library (LFL), a nonprofit organization that seeks to place small, accessible book exchange boxes in neighborhoods around the world. The concept is simple: Neighbors are invited to share a book, leave a book, or both. Today, there are over 50,000 of these libraries registered in 70 countries.

Almost everyone can register with LFL and start a library as long as the person keeps it in good shape and makes sure that book materials are appropriate for his/her neighborhood. Library owners can create their own library boxes; therefore, the libraries are usually unique in appearance, and there seems to be no limit to the possibilities. One library in California was built out of a used wine crate; another in Texas had tiny stairs and bright colored walls. Once registered, libraries are assigned a number at LFL's website. The LFL Index lists the locations of all libraries with GPS coordinates and other information. Owners receive a sign that reads "Little Free Library."

People say they have been more inclined to pick up a book when walking by a Little Free Library, out of curiosity and because it's convenient. Some sidewalk librarians say they have met more neighbors since having a little library in their front yard. Bol is also most proud of the way Little Free Library is bringing communities together. "It's started a neighborhood exchange. It gets people talking and more comfortable with their neighbors," he says. "This leads to them helping each other."

40. Which of the following statements is **NOT** mentioned about Todd Bol?
    (A) His mother used to be a school teacher.
    (B) He was engaged in trade and commerce.
    (C) He provided a great service to his neighborhood.
    (D) He built a schoolhouse to pay tribute to his mother.

41. What does "**prototype**" refer to in the second paragraph?
    (A) A community center.　　　　(B) A book exchange box.
    (C) A dollhouse on a post.　　　　(D) A nonprofit organization.

42. Which of the following is true about the operation of a Little Free Library?

(A) The library can come in any shape and color.

(B) There is no limit to the selection of its materials.

(C) The owner must first be assigned a number from the LFL website.

(D) The librarian is in charge of checking the books in and out of the library.

43. What is a contribution of Little Free Library?

(A) The LFL Index can improve GPS functions.

(B) It promotes reading and literacy in a simple way.

(C) It helps to strengthen library associations around the world.

(D) Its location satisfies people's curiosity about their neighbors.

第 44 至 47 題爲題組

The term "forensic linguistics," in its broadest sense, covers all areas of study where language and law intersect. A famous example of its application is the case of Chris Coleman, who was suspected of killing his family in 2009. Robert Leonard, the head of the forensic linguistics program at Hofstra University, presented some important linguistic evidence in the trial against Coleman. Relying heavily on word choice and spelling, Leonard suggested that the same person had written the threatening e-mails and sprayed the graffiti, and that those samples bore similarities to Coleman's writing style. Coleman was later found guilty of the murder.

Robert Leonard was not the first one who resorted to linguistic evidence in criminal investigation. The field of forensic linguistics was brought to prominence by his colleague James Fitzgerald in 1996 with his work in the case of the Unabomber, who had sent a series of letter bombs to college professors over several years, causing serious casualties. Working for the FBI, Fitzgerald urged the publication of the Unabomber's letter—a lengthy declaration of the criminal's philosophy.

After the letter was published, many people called the FBI to say they recognized the writing style. By analyzing sentence structure, word choice, and other linguistic patterns, Fitzgerald narrowed down the range of possible authors and finally linked the letter to the writings of Ted Kaczynski, a solitary former mathematician. For instance, Kaczynski tended to use extensive parallel phrases, which were frequently found in the bomber's letter. Both Kaczynski and the bomber also showed a preference for dozens of unusual words, such as "chimerical" and "anomic." The bomber's use of the terms "broad" for women and "negro" for African Americans also enabled Fitzgerald to roughly calculate the suspect's age. The linguistic evidence was strong enough for the judge to search Kaczynski's isolated cabin in Montana; what was found there put him in prison for life.

On some level, finding hidden meanings from linguistic evidence is what we all do intuitively in our daily language interaction. This is exactly the same work forensic professionals do. As one forensic-linguistics firm, *Testipro*, puts it in its online promotional ad, the field can be regarded as "the basis of the entire legal system."

44. What is the main idea of the passage?
    (A) Robert Leonard has provided linguistic evidence in court cases.
    (B) The FBI relies mainly on language experts to solve its crime cases.
    (C) Studying texts can provide critical evidence in criminal investigations.
    (D) Finding hidden meanings in language use is important for daily interactions.

45. Which of the following is true about the Unabomber?
    (A) He didn't like to be called negro.
    (B) He was good at analyzing the use of language.
    (C) He declared his philosophy in a written statement.
    (D) He was a professor of mathematics living on Hofstra campus.

46. What type of language feature is **NOT** mentioned in the passage?
    (A) Sound pattern.　　　　　　(B) Spelling of words.
    (C) Selection of words.　　　　(D) Grammatical pattern.

47. What can be inferred from the passage?
    (A) Meaning can be distorted in the process of writing.
    (B) Some features in language use are shared by everyone.
    (C) Crimes are usually committed by people who are highly educated.
    (D) People tend to stick to certain habitual patterns in their use of language.

第 48 至 51 題爲題組

During the past three hundred years, when a country gains its freedom or independence, one of the first things established is a national anthem. National anthems are generally played and sung at formal state occasions and other events which celebrate or support the country's national identity.

Holland's 16th-century hymn "Het Wilhelmus" is widely considered the world's oldest national anthem, followed by the U.K.'s "God Save the King/Queen"—also a hymn, popularized in the 1740s. As nationalism spread throughout Europe in the 18th and 19th centuries, so did anthems. Many countries, such as the independent states that are today part of Germany, took "God Save the King/Queen" as a model and adopted hymns (songs of prayer typically addressed to a deity or VIP). Others, notably Spain and France, chose marches (songs with a strong, regular rhythm often performed by military bands)—which expressed a martial rather than monarchic spirit. With imperialism, Europeans spread their musical taste. Even when former colonies gained independence, they often imitated the traditions of their former rulers. The result is that most anthems are either hymns or marches, played on European instruments.

Japan's anthem makes for a good case study of European influence. In the 1860s a British bandmaster living in Japan, John William Fenton, noted that the country did not have a national anthem. A local military officer, Ōyama Iwao, selected the lyrics from a Heian era poem and Fenton wrote the melody. About a decade later, a Japanese committee chose a replacement melody by a court musician—one that had been composed for traditional Japanese instruments, but in a mixed style influenced by Fenton's arrangement. The version in use today was also altered by German Franz Eckert to fit a Western scale.

In addition to hymns and marches, British composer Michael Bristow identifies a couple of more minor categories. National anthems in South and Central America are often operatic, with long, elaborate orchestral introductions. These were influenced by 19th-century Italian opera. Burma and Sri Lanka are both in a folk group, as they rely more on indigenous instruments.

48. Which of the following is **NOT** mentioned as a basis to compose national anthems?
   (A) Prayer songs.　　　　　　　(B) Marching songs.
   (C) Italian opera music.　　　　(D) Movie theme music.

49. What is the second paragraph mainly about?
   (A) The function of national anthems.
   (B) The world's oldest national anthem.
   (C) The origin and spread of national anthems.
   (D) Reasons why many countries have national anthems.

50. Which of the following is true regarding Japan's national anthem?
   (A) It was not written until the 20th century.
   (B) The lyrics was written by a Japanese officer.
   (C) The melody was first composed by a British musician.
   (D) The current version is barely influenced by western music.

51. What can be inferred about the influence of European imperialism on national anthems?

(A) Human rights are a common theme in national anthems.
(B) National anthems of some countries share similar musical features.
(C) Many national anthems were chosen by ruling European countries.
(D) Local traditions were excluded in the composition of national anthems.

第貳部份：非選擇題（占 28 分）

說明： 本部分共有二題，請依各題指示作答，答案必須寫在「答案卷」上，並標明大題號（一、二）。作答務必使用筆尖較粗之黑色墨水的筆書寫，且不得使用鉛筆。

一、中譯英（占 8 分）

說明： 1. 請將以下中文句子譯成正確、通順、達意的英文，並將答案寫在「答案卷」上。
2. 請依序作答，並標明子題號（1、2）。每題 4 分，共 8 分。

1. 世界大學運動會（The Universiade）是一項國際體育與文化盛事，每兩年一次由不同城市舉辦。

2. 在比賽中，來自全球大學的學生運動員建立友誼，並學習運動家精神的真諦。

二、英文作文（占 20 分）

說明： 1. 依提示在「答案卷」上寫一篇英文作文。
2. 文長至少 120 個單詞（words）。

提示： 每個人從小到大都有覺得寂寞的時刻，也都各自有排解寂寞的經驗和方法。當你感到寂寞時，有什麼人、事或物可以陪伴你，爲你排遣寂寞呢？請以此爲主題，寫一篇英文作文，文長至少 120 個單詞。文分兩段，第一段說明你會因爲什麼原因或在何種情境下感到寂寞，第二段描述某個人、事或物如何伴你度過寂寞時光。

106年度指定科目考試英文科試題詳解

第壹部分：選擇題

一、詞彙：

1. (**D**) Martha has been trying to <u>avoid</u> her roommate since their quarrel last week, as she doesn't want to continue the argument. 自從她們上禮拜爭吵後，瑪莎一直試著避開她的室友，因為她不想繼續爭論。
   (A) overgrow〔͵ovɚˈgro〕v. 生長過快
   (B) bother〔ˈbɑðɚ〕v. 打擾　　(C) pursue〔pɚˈsu〕v. 追求
   (D) *avoid*〔əˈvɔɪd〕v. 避免；避開
   * *try to V.* 試圖～　　roommate〔ˈrum͵met〕n. 室友
   　quarrel〔ˈkwɔrəl〕n. 爭吵　　argument〔ˈɑrgjəmənt〕n. 爭論

2. (**A**) As David finished the last drop of the delicious chicken soup, he licked his lips and gave out sounds of <u>contentment</u>. 當大衛喝完最後一滴美味的雞湯，他舔了一下嘴唇，然後發出了滿足的聲音。
   (A) *contentment*〔kənˈtɛntmənt〕n. 滿足
   (B) dominance〔ˈdɑmənəns〕n. 支配；優勢
   (C) explosion〔ɪkˈsploʒən〕n. 爆炸
   (D) affection〔əˈfɛkʃən〕n. 感情；愛
   * lick〔lɪk〕v. 舔　　lips〔lɪps〕n. pl. 嘴唇　　*give out* 發出

3. (**C**) After several rounds of intense fighting, the boxer punched his <u>opponent</u> right in the face, knocked him out, and won the match. 在幾回合激烈的交手之後，該拳擊手一拳正中對手的臉，將他擊倒，並贏得比賽。
   (A) performer〔pɚˈfɔrmɚ〕n. 表演者
   (B) attendant〔əˈtɛndənt〕n. 服務員
   (C) *opponent*〔əˈponənt〕n. 敵手
   (D) messenger〔ˈmɛsn̩dʒɚ〕n. 信差
   * round〔raʊnd〕n. 回合　　intense〔ɪnˈtɛns〕adj. 劇烈的
   　fighting〔ˈfaɪtɪŋ〕n. 打鬥　　boxer〔ˈbɑksɚ〕n. 拳擊手
   　punch〔pʌntʃ〕v. 用拳打　　*knock out* 擊倒
   　match〔mætʃ〕n. 比賽

4. (**B**) Watch out! The bench has just been painted. You can fan the wet paint if you want to <u>hasten</u> its drying.

　小心！長椅才剛漆好。如果你想要它<u>快點</u>乾，你可以搧一搧濕的油漆。

　(A) fasten〔'fæsn̩〕*v.* 綁緊；繫上

　(B) ***hasten***〔'hesn̩〕*v.* 加快　　(C) lengthen〔'lɛŋθən〕*v.* 延長

　(D) strengthen〔'strɛŋθən〕*v.* 增強

　＊***watch out*** 小心；注意　　bench〔bɛntʃ〕*n.* 長椅

　　paint〔pent〕*v.* 油漆　*n.* 油漆　　fan〔fæn〕*v.* 搧

　　drying〔'draɪɪŋ〕*n.* 變乾

5. (**D**) Warm milk <u>induces</u> sleepiness. So if you have trouble falling asleep, try drinking some warm milk before going to bed. 溫牛奶會<u>引發</u>睡意。所以如果你難以入眠，上床睡覺前試試喝些溫牛奶。

　(A) conceal〔kən'sil〕*v.* 隱藏　　(B) recruit〔rɪ'krut〕*v.* 招募

　(C) absorb〔əb'sɔrb〕*v.* 吸收　　(D) ***induce***〔ɪn'djus〕*v.* 引發；導致

　＊sleepiness〔'slipɪnɪs〕*n.* 睡意

　　have trouble V-ing 做…有困難　　***fall asleep*** 睡著

6. (**D**) Having worked five years as a data processor in a small town, Alice is tired of the routine of her job and the <u>monotony</u> of her life.

　在一個小鎮擔任資料處理人員五年後，愛麗絲厭倦了她一成不變的工作和<u>單調</u>的生活。

　(A) disturbance〔dɪ'stɝbəns〕*n.* 擾亂

　(B) salvation〔sæl'veʃən〕*n.* 救濟；拯救

　(C) remainder〔rɪ'mendɚ〕*n.* 殘餘部份

　(D) ***monotony***〔mə'natn̩ɪ〕*n.* 單調

　＊data〔'detə〕*n. pl.* 資料【單數為 datum】

　　processor〔'prasɛsɚ〕*n.* 加工者；處理者　　***be tired of*** 厭倦

　　routine〔ru'tin〕*n.* 例行公事；一成不變的運作

7. (**A**) Peter has never been on time to meetings or appointments. It would be interesting to look into reasons why he is <u>chronically</u> late.

　彼得參加會議或赴約從未準時。研究他為什麼會<u>習慣性地</u>遲到的原因，應該會很有趣。

　(A) ***chronically***〔'kranɪklɪ〕*adv.* 長期地；慢性地；習慣性地

　(B) hysterically〔hɪs'tɛrɪklɪ〕*adv.* 歇斯底里地

　(C) simultaneously〔‚saɪml̩'tenɪəslɪ〕*adv.* 同時地

(D) resistantly〔rɪˈzɪstəntlɪ〕*adv.* 頑固地；抵抗地

＊***on time*** 準時　　appointment〔əˈpɔɪntmənt〕*n.* 約會

　look into 調查；研究　　reason〔ˈrizn̩〕*n.* 理由；原因

8. (**C**) The film *Life of Pi* won Ang Lee an Oscar in 2013 for Best
Director—one of the most <u>coveted</u> awards in the movie industry.
電影「少年 Pi 的奇幻旅程」使李安在 2013 年贏得奧斯卡最佳導演獎
——這是電影業最<u>渴望得到的</u>獎項之一。

(A) populate〔ˈpɑpjəˌlet〕*v.* 居住於

(B) surpass〔səˈpæs〕*v.* 勝過；超越

(C) ***coveted***〔ˈkʌvɪtɪd〕*adj.* 渴望得到的；夢寐以求的

(D) rotate〔ˈrotet〕*v.* 旋轉

＊film〔fɪlm〕*n.* 電影　　***Life of Pi*** 少年 Pi 的奇幻旅程【電影名】
Oscar〔ˈɔskə〕*n.* 奧斯卡金像獎　　director〔dəˈrɛktə〕*n.* 導演
award〔əˈwɔrd〕*n.* 獎　　industry〔ˈɪndəstrɪ〕*n.* …業

9. (**B**) According to environmental scientists, the earth is likely to
experience significant <u>ecological</u> changes within the next century.
根據環境科學家的說法，地球有可能會在下一個世紀經歷巨大的<u>生態</u>
變化。

(A) provincial〔prəˈvɪnʃəl〕*adj.* 省的

(B) ***ecological***〔ˌɛkəˈlɑdʒɪkəl〕*adj.* 生態的

(C) authentic〔ɔˈθɛntɪk〕*adj.* 真正的

(D) redundant〔rɪˈdʌndənt〕*adj.* 多餘的

＊experience〔ɪkˈspɪrɪəns〕*v.* 經歷
significant〔sɪɡˈnɪfəkənt〕*adj.* 重大的

10. (**A**) Traditional Chinese medical practices include <u>herbal</u> remedies,
which use plants, plant parts, or a mixture of these to prevent or
cure diseases. 傳統的中醫療法包含了<u>草藥的</u>治療，也就是使用植
物、植物的部位，或是兩者的混合物來預防或治療疾病。

(A) ***herbal***〔ˈhɝbl̩〕*adj.* 草藥的

(B) frantic〔ˈfræntɪk〕*adj.* 瘋狂的

(C) magnetic〔mæɡˈnɛtɪk〕*adj.* 有磁性的

(D) descriptive〔dɪˈskrɪptɪv〕*adj.* 描述的

＊practice〔ˈpræktɪs〕*n.* 實行；慣例；做法
remedy〔ˈrɛmədɪ〕*n.* 治療

二、綜合測驗：

第 11 至 15 題為題組

France, home to such major fashion houses as Chanel, Dior, and Yves Saint Laurent, has joined Italy, Spain, and Israel in adopting laws against super-skinny models on catwalks or in ads.

法國是香奈兒、迪奧，和聖羅蘭，這些主要時裝店的所在地，已經加入義大利、西班牙，及以色列的行列，通過了法律，禁止超級瘦的模特兒，出現在伸展台上和廣告中。

> ***be home to*** 是…的所在地　　major〔ˋmedʒɚ〕*adj.* 主要的
> fashion〔ˋfæʃən〕*n.* 流行；時尚；時裝　***fashion house*** 時裝商店
> Chanel〔ʃaˋnɛl〕*n.* 香奈兒　　Dior〔dıˋor〕*n.* 迪奧
> Yves Saint Laurent〔ˋiv,sæŋloˋraŋ〕*n.* 聖羅蘭
> join〔dʒɔɪn〕*v.* 加入　　Isreal〔ˋɪzrɪəl〕*n.* 以色列
> adopt〔əˋdɑpt〕*v.* 採用；正式通過；批准　super〔ˋsupɚ〕*adj.* 超級的
> skinny〔ˋskɪnɪ〕*adj.* 很瘦的；皮包骨的　　model〔ˋmɑdl〕*n.* 模特兒
> catwalk〔ˋkæt,wɔk〕*n.* 伸展台
> ad〔æd〕*n.* 廣告（= *advertisement*）

The French government has passed a bill that will <u>criminalize</u> the use of
                                                                    11
excessively skinny models. Modeling agencies violating the law can receive a fine of up to US$81,000, with up to six months in jail for staff involved. According to French officials, the measure aims to <u>crack down on</u> the
                                                                    12
glorification of dangerously thin models.

法國政府已經通過一項法案，規定使用過瘦的模特兒是有罪的。違法的模特兒經紀公司，可能會被處以高達八萬一千美元的罰款，而相關的工作人員則會被處以高達六個月的徒刑。根據法國官員的說法，這項措施目的在於，取締過度美化瘦得很可怕的模特兒。

> bill〔bɪl〕*n.* 法案　　excessively〔ɪkˋsɛsɪvlɪ〕*adv.* 過度地
> agency〔ˋedʒənsɪ〕*n.* 經紀公司
> ***modeling agency*** 模特兒經紀公司　　violate〔ˋvaɪə,let〕*v.* 違反
> receive〔rɪˋsiv〕*v.* 獲得；遭受　　fine〔faɪn〕*n.* 罰款
> ***up to*** 高達　　jail〔dʒel〕*n.* 監獄　　staff〔stæf〕*n.* 工作人員
> involved〔ɪnˋvɑlvd〕*adj.* 有關的；牽涉在內的
> official〔əˋfɪʃəl〕*n.* 官員

measure〔'mɛʒɚ〕*n.* 措施　　***aim to V.*** 目的在於…；打算…
glorification〔͵glorəfə'keʃən〕*n.*（受人）稱讚；（超過實際的）美化
dangerously〔'dendʒərəslɪ〕*adv.* 危險地
dangerously thin 瘦得可怕的

11. (**C**) (A) forecast〔'for͵kæst〕*v.* 預報；預測
　　　 (B) represent〔͵rɛprɪ'zɛnt〕*v.* 代表
　　　 (C) ***criminalize***〔'krɪml͵aɪz〕*v.*（制定新法律）使…爲非法；宣告…有罪
　　　 (D) distinguish〔dɪ'stɪŋgwɪʃ〕*v.* 分辨

12. (**B**) (A) put up with　忍受　　　　(B) ***crack down on***　取締
　　　 (C) give in to　向…屈服　　　　(D) look out for　注意

　　Under the approved legislation, models will have to present a medical
<u>certificate</u> that proves they are healthy before being allowed to work in the
　　 13
fashion industry. Moreover, they will be <u>subject to</u> regular weight checks.
　　　　　　　　　　　　　　　　　　　　　　　14
Modeling agencies will have to produce a medical report showing that their
models have maintained a <u>healthy</u> body mass-to-height ratio. This bill is
　　　　　　　　　　　　　　　 15
expected to change young women's view on the ideal female form.

　　根據這項已核准的法律，模特兒在獲得允許從事時尚業之前，必須提出診斷證明書，證明自己是健康的。此外，她們必須定期接受體重檢查。模特兒經紀公司將必須出示一份醫療報告，顯示他們的模特兒有維持健康的體重與身高的比率。這項法案預期將會改變年輕女生，對於理想的女性體態的看法。

under〔'ʌndɚ〕*prep.* 按照；依據（法律、協議，或制度）
approved〔ə'pruvd〕*adj.* 批准的；核准的
legislation〔͵lɛdʒɪs'leʃən〕*n.* 法律；法令【集合名詞】
present〔prɪ'zɛnt〕*v.* 提出　　medical〔'mɛdɪkl̩〕*adj.* 醫療的
regular〔'rɛgjəlɚ〕*adj.* 定期的　　weight〔wet〕*n.* 體重
check〔tʃɛk〕*n.* 檢查　　produce〔prə'djus〕*v.* 出示；拿出
maintain〔men'ten〕*v.* 維持　　mass〔mæs〕*n.* 質量
body mass 體重　　height〔haɪt〕*n.* 身高
ratio〔'reʃo〕*n.* 比率　　expect〔ɪk'spɛkt〕*v.* 預期；期待
view〔vju〕*n.* 看法　　on〔ɑn〕*prep.* 關於（*= about*）
ideal〔aɪ'diəl〕*adj.* 理想的　　female〔'fimel〕*adj.* 女性的
form〔fɔrm〕*n.* 姿態；體態；外觀

13. (**B**) (A) coverage〔ˈkʌvərɪdʒ〕*n.* 保險範圍；報導（範圍）

(B) ***certificate***〔səˈtɪfəkɪt〕*n.* 證書；證明書

(C) operation〔͵ɑpəˈreʃən〕*n.* 手術

(D) prescription〔prɪˈskrɪpʃən〕*n.* 藥方

14. (**A**) (A) ***be subject to*** 受…支配；受制於；接受…

(B) be accustomed to 習慣於

(C) be blessed with 很幸運能擁有

(D) be familiar with 對…熟悉

15. (**A**) (A) ***healthy***〔ˈhɛlθɪ〕*adj.* 健康的

(B) pleasant〔ˈplɛznt̩〕*adj.* 令人愉快的

(C) frequent〔ˈfrikwənt〕*adj.* 經常的

(D) distinctive〔dɪˈstɪŋktɪv〕*adj.* 獨特的

第 16 至 20 題為題組

　　One factor that separates a living thing from an inanimate object is the organism's ability to carry out chemical reactions that are crucial for its survival. Imagine the infinite amount of reactions that a large organism such as human carries out every single day. <u>None</u> of these reactions are possible
　　　　　　　　　　　　　　　　　　　　　　16
without enzymes.

　　區別生物和無生命的物體的因素之一，就是生物有能力執行對其生存很重要的化學反應。想像一下大型的生物，像是人類，每天所進行的無數的反應。如果沒有酵素，這些反應全都是不可能的。

> factor〔ˈfæktɚ〕*n.* 因素　　separate〔ˈsɛpə͵ret〕*v.* 使分開；區別
> ***separate A from B*** 區別 A 與 B　　***living thing*** 生物
> inanimate〔ɪnˈænəmɪt〕*adj.* 無生命的　　object〔ˈɑbdʒɪkt〕*n.* 物體
> organism〔ˈɔrgən͵ɪzəm〕*n.* 有機體；生物
> ability〔əˈbɪlətɪ〕*n.* 能力　　***carry out*** 執行
> chemical〔ˈkɛmɪkl̩〕*adj.* 化學的
> reaction〔rɪˈækʃən〕*n.* 反應　　crucial〔ˈkruʃəl〕*adj.* 非常重要的
> survival〔səˈvaɪvl̩〕*n.* 生存　　imagine〔ɪˈmædʒɪn〕*v.* 想像
> infinite〔ˈɪnfənɪt〕*adj.* 無限的　　single〔ˈsɪŋgl̩〕*adj.* 單一的
> enzyme〔ˈɛnzaɪm〕*n.* 酵素

16. (**C**) 依句意，如果沒有酵素，這些反應「全都」是「不」可能的，選
(C) ***None*** 「沒有一個」。

Enzymes consist of various types of proteins that work to drive the chemical reactions <u>required</u> for certain types of nutrients to take effect.
　　　　　　　　　　17
Enzymes can either launch a reaction or speed it up. In the absence of enzymes, reactants may take hundreds of years to convert into a usable product, if they are able to do so <u>at all</u>. This is why enzymes are crucial in
　　　　　　　　　　　　　18
the sustenance of life on earth.

　　酵素是由各種不同類型的蛋白質組成，它們能驅動使某些營養素產生作用所需要的化學反應。酵素能啓動或加速反應。如果沒有酵素，反應物可能要數百年的時間，才能轉變成可用的產物，如果它們眞的做得到的話。這就是爲什麼酵素對於維持地球上生物的生命，如此重要的原因。

> ***consist of*** 由…組成　　　various〔ˈvɛrɪəs〕*adj.* 各種不同的
> type〔taɪp〕*n.* 類型　　protein〔ˈprotin〕*n.* 蛋白質
> work〔wɝk〕*v.* 起作用　　drive〔draɪv〕*v.* 驅使；驅動
> certain〔ˈsɝtn̩〕*adj.* 某些　　nutrient〔ˈnjutrɪənt〕*n.* 營養素
> ***take effect*** 生效；產生作用　　***either*** *A* ***or*** *B* 不是 A 就是 B
> launch〔lɔntʃ〕*v.* 發動；開始　　***speed up*** 加快…的速度
> absence〔ˈæbsn̩s〕*n.* 不在；沒有；缺乏
> ***in the absence of*** …不存在時；因爲缺乏
> reactant〔rɪˈæktənt〕*n.* 作用物；反應物（起化學反應之物）
> take〔tek〕*v.* 需要；花費（時間）
> convert〔kənˈvɝt〕*v.* 變成 < *into* >
> usable〔ˈjuzəbl̩〕*adj.* 可用的　　product〔ˈprɑdəkt〕*n.* 產物；產品
> sustenance〔ˈsʌstənəns〕*n.* 支持；維持

17. (**B**) 依句意爲被動，故空格應塡 which are required 修飾先行詞 chemical reactions，又關代和 be 動詞可同時省略，選 (B) ***required***。
require〔rɪˈkwaɪr〕*v.* 需要

18. (**A**) (A) ***at all***【用於條件句】假如；只要；即使；縱然
(B) at hand 在手邊　　　(C) at first 起初
(D) at ease 輕鬆地；悠閒地

Enzymes, <u>however</u>, do not always function perfectly. In 1902 Sir
　　　　　19
Archibald Garrod was the first to attribute a <u>disease</u> to an enzyme defect,
　　　　　　　　　　　　　　　　　　　　20
which he later referred to as an "inborn error of metabolism." Today,

newborns are routinely screened for certain enzyme defects such as PKU (phenylketonuria) and galactosemia, an error in the handling of the sugar galactose.

不過，酵素不一定能正常運作。在 1902 年，阿奇博爾德‧加羅德爵士是第一個將某種疾病歸因於酵素缺陷的人，他後來稱之為「先天性代謝異常」。現在，新生兒通常都會做某些酵素缺陷的篩檢，像是苯丙酮尿症和半乳糖血症，那是一種無法處理半乳糖的異常疾病。

> ***not always*** 未必；不一定（ = *not necessarily* ）
> function〔ˋfʌŋkʃən〕*v.* 起作用
> perfectly〔ˋpɝfɪktlɪ〕*adv.* 完美地　　Sir〔sɝ〕*n.* …爵士
> Archibald Garrod〔ˋɑrtʃɪbɔldˋgærəd〕*n.* 阿奇博爾德‧加羅德
> attribute〔əˋtrɪbjut〕*v.* 歸因於　　***attribute*** *A* ***to*** *B* 把 A 歸因於 B
> defect〔ˋdifɛkt〕*n.* 缺陷；瑕疵　　later〔ˋletɚ〕*adv.* 後來
> ***refer to*** *A* ***as*** *B* 把 A 稱為 B
> inborn〔ɪnˋbɔrn〕*adj.* 天生的；與生俱來的
> error〔ˋɛrɚ〕*n.* 錯誤；錯誤狀態
> metabolism〔məˋtæblˏɪzəm〕*n.* 新陳代謝
> newborn〔ˋnjuˏbɔrn〕*n.* 新生兒
> routinely〔ruˋtinlɪ〕*adv.* 例行地　　screen〔skrin〕*v.* 篩檢
> PKU　*n.* 苯丙酮尿症（ = *phenylketonuria* ）
> galactosemia〔gəˏlæktəˋsimiə〕*n.* 半乳糖血症【是一種醣類代謝異常疾病】
> handle〔ˋhændl〕*v.* 處理　　sugar〔ˋʃugɚ〕*n.* 糖
> galactose〔gəˋlæktos〕*n.* 半乳糖

19.（ **D** ）(A) hereafter〔ˏhɪrˋæftɚ〕*adv.* 此後；今後
　　　　　 (B) instead〔ɪnˋstɛd〕*adv.* 取而代之
　　　　　 (C) likewise〔ˋlaɪkˏwaɪz〕*adv.* 同樣地
　　　　　 (D) ***however***〔hauˋɛvɚ〕*adv.* 不過；然而

20.（ **A** ）(A) ***disease***〔dɪˋziz〕*n.* 疾病　　 (B) balance〔ˋbæləns〕*n.* 平衡
　　　　　 (C) measure〔ˋmɛʒɚ〕*n.* 措施　　 (D) statement〔ˋstetmənt〕*n.* 敘述

三、文意選填：

第 21 至 30 題為題組

Hundreds of years ago, a savory idea—called the century egg—was hatched in rural China. As the story goes, a farmer found naturally preserved duck eggs in a muddy pool of water and slaked lime. After surviving a tasting, he set out to replicate them manually, resulting in a

21(C) **delicacy** that would endure for centuries as a comfort food in Hong Kong, China and parts of Southeast Asia.

好幾百年前，一個有趣的概念，也就是皮蛋，在中國鄉村誕生了。如同故事所說，有位農夫在一個泥濘的水池與熟石灰中，發現了自然保存的鴨蛋。在試吃沒死之後，他開始手工複製它們，造就了一個在香港、中國與部分東南亞地區，流傳數百年的療癒美食。

　　savory (ˈsevərɪ) *adj.* 美味的；有趣的　　　***century egg*** 世紀蛋；皮蛋
　　hatch (hætʃ) *v.* 孵化　　　rural (ˈrurəl) *adj.* 鄉村的
　　as the story goes 如同故事所說　　　preserve (prɪˈzɝv) *v.* 保存
　　muddy (ˈmʌdɪ) *adj.* 泥濘的　　　slake (slek) *v.* 平息；使石灰熟化
　　lime (laɪm) *n.* 石灰　　　***slaked lime*** 熟石灰
　　survive (səˈvaɪv) *v.* 從～中生還　　　***set out*** 開始；動身
　　replicate (ˈrɛplɪˌket) *v.* 複製　　　manually (ˈmænjuəlɪ) *adv.* 手工地
　　delicacy (ˈdɛləkəsɪ) *n.* 美食；佳餚　　　endure (ɪnˈdjur) *v.* 持續
　　comfort food 使人感到溫馨的食品；療癒食物

Though details of the century egg's discovery are undocumented, scientists estimate that it **22**(D) **dates back** more than 500 years to the Ming Dynasty. And aside from some techniques used for large-scale production today, the egg preservation process has remained relatively **23**(J) **unchanged**.

雖然皮蛋的發現很多細節沒有文件紀錄，科學家估計，它可以追溯到五百多年前的明朝。除了一些今日用以大量製造的技術之外，皮蛋的保存過程相對地維持不變。

　　detail (ˈditel) *n.* 細節　　　discovery (dɪˈskʌvərɪ) *n.* 發現
　　undocumented (ʌnˈdakjəˌmɛntɪd) *adj.* 沒有文件紀錄的
　　estimate (ˈɛstəˌmet) *v.* 估計　　　***date back to*** 追溯到～
　　dynasty (ˈdaɪnəstɪ) *n.* 朝代　　　***aside from*** 除了～之外
　　technique (tɛkˈnik) *n.* 技術　　　***large-scale*** *adj.* 大規模的
　　process (ˈprasɛs) *n.* 過程　　　remain (rɪˈmen) *v.* 維持
　　relatively (ˈrɛlətɪvlɪ) *adv.* 相對地

To make the eggs, a vat is typically filled with a combination of strong black tea, lime, salt and freshly burned wood ashes, and left to cool overnight. The next day, duck, quail, or chicken eggs are added to the **24**(H) **mixture.** Then they soak anywhere from seven weeks to five months —not for a century as the name **25**(F) **implies.**

要做皮蛋的話，典型的作法是在一個大缸裡面裝滿濃烈的紅茶、石灰、鹽、以及剛燒好的木頭灰燼，並且放置一個晚上等待冷卻。第二天就把鴨蛋、鵪鶉蛋、或者雞蛋加到這缸混合物當中。接著，它們就在當中浸泡，時間從七個禮拜到五個月不等——並不是像它的名字所暗示的一世紀。

vat〔 væt 〕*n.* 大桶；缸　　　typically〔ˋtɪpɪkl̩〕*adv.* 典型地
combination〔͵kɑmbəˋneʃən〕*n.* 結合　　***black tea*** 紅茶
ash〔 æʃ 〕*n.* 灰燼　　overnight〔ˋovɚˋnaɪt〕*adv.* 整夜地
quail〔 kwel 〕*n.* 鵪鶉　　mixture〔ˋmɪkstʃɚ〕*n.* 混合物
soak〔 sok 〕*v.* 浸泡　　***anywhere from ~ to*** ⋯ 大約從 ~ 到⋯
imply〔 ɪmˋplaɪ 〕*v.* 暗示

The century egg also [26](I) goes by many other names, such as hundred-year egg, thousand-year egg, or millennium egg. But no matter what it's called, this common snack has a rather uncommon taste and is often grouped by travelers with other [27](B) exotic Asian foods such as chicken feet or snake soup. Getting beyond the egg's appearance is the first [28](K) challenge. Instead of being white with a bright orange yolk, the jelly-like egg takes on a less [29](G) appetizing dark brown and swampy green hue. There's also a pungent ammonia-like odor to contend with, which has earned the snack yet another nickname: the "horse urine egg."

皮蛋也有許多其他名字，像是百年蛋、千年蛋等。但無論它被稱為什麼，這個常見的點心有著不尋常的風味，常常被旅人們歸類成和其他奇特的亞洲料理，如雞腳或蛇湯等同類。克服這個蛋的外表是第一個挑戰。這個蛋不是白色的，有著鮮橘色的蛋黃，它呈現出較無法引發食慾的深棕色與沼澤般的綠色。還有一個刺鼻的氨的氣味要與之對抗，也因此，這個點心還有另一個綽號，叫做「馬尿蛋」。

go by 叫做 ~ 名字　　millennium〔 məˋlɛnɪəm 〕*n.* 一千年
no matter what 無論什麼　　common〔ˋkɑmən〕*adj.* 常見的
snack〔 snæk 〕*n.* 點心；小吃　　rather〔ˋræðɚ〕*adv.* 相當地
group〔 grup 〕*v.* 分類　　exotic〔 ɪgˋzɑtɪk 〕*adj.* 異國風味的；奇特的
get beyond 超越；克服　　appearance〔 əˋpɪrəns 〕*n.* 外表
challenge〔ˋtʃælɪndʒ〕*n.* 挑戰　　***instead of*** 而非　　yolk〔 jok 〕*n.* 蛋黃
jelly〔ˋdʒɛlɪ〕*n.* 果凍　　***take on*** 呈現；帶有 ~ 的外表等
appetizing〔ˋæpə͵taɪzɪŋ〕*adj.* 令人垂涎的；開胃的
swampy〔ˋswɑmpɪ〕*adj.* 沼澤般的　　hue〔 hju 〕*n.* 色彩
pungent〔ˋpʌndʒənt〕*adj.* 刺激的　　ammonia〔 əˋmonjə 〕*n.* 氨
odor〔ˋodɚ〕*n.* 味道　　contend〔 kənˋtɛnd 〕*v.* 搏鬥
nickname〔ˋnɪk͵nem〕*n.* 綽號；暱稱　　urine〔ˋjurɪn 〕*n.* 尿

While the century egg draws a following from older generations and curious travelers, it is falling out of [30](L) favor with the younger set, who are weary of China's preserved and fermented foods. The future of the humble snack is uncertain, but chefs in Chinese restaurants are still trying to preserve this nostalgic bite of culinary heritage.

雖然皮蛋吸引了老一輩的人與好奇的旅行者，但它逐漸不受到年輕族群的喜愛，這些人對於中國醃漬類與發酵類食物已經感到厭倦。這個卑微的點心未來尚未可知，但是中式餐廳的大廚們，仍舊在努力保存這個懷舊的食物，它算是料理界的遺產。

draw〔drɔ〕*v.* 吸引｜ following〔'fɑloɪŋ〕*n.* 追隨者
generation〔ˌdʒɛnə'reʃən〕*n.* 世代　curious〔'kjʊrɪəs〕*adj.* 好奇的
fall out of favor with sb. 失去某人的寵愛　set〔sɛt〕*n.* 一群人
weary〔'wɪrɪ〕*adj.* 厭倦的　ferment〔fɝ'mɛnt〕*v.* 使發酵
humble〔'hʌmbl̩〕*adj.* 卑微的；簡陋的
uncertain〔ʌn'sɝtn̩〕*adj.* 不明確的　chef〔ʃɛf〕*n.* 主廚
nostalgic〔nɑs'tældʒɪk〕*adj.* 鄉愁的　bite〔baɪt〕*n.* 咬；食物
culinary〔'kjulɪˌnɛrɪ〕*adj.* 烹飪的　heritage〔'hɛrətɪdʒ〕*n.* 遺產

四、篇章結構：

第 31 至 35 題為題組

One of the most difficult things for a human to face is the loss of a limb. If a person loses an arm or a leg, he/she must be fitted with an artificial limb.

人類所面臨的最困難的事情之一就是喪失四肢之一。如果一個人失去了一隻手臂或一隻腿，他/她就必須配備人工義肢。

loss〔lɔs〕*n.* 喪失　limb〔lɪm〕*n.* (四) 肢
be fitted with 裝配　artificial〔ˌɑrtə'fɪʃəl〕*adj.* 人造的

The situation is very different for a starfish. If a starfish loses an arm, it can grow a new one. [31](C) The same thing happens for lobsters, salamanders, and many other animals. Snails can even regrow their heads— imagine what the world would be like if humans could do that. But we can't. Nor can we grow new limbs or even fingers. That's why scientists are studying animals that can regrow body parts, that is, regenerate. [32](F) They hope that this line of research will make regeneration possible in humans someday.

　　海星的狀況則非常不同。如果海星失去一隻手臂，牠可以長出一隻新的。同樣的事情也發生在龍蝦、蠑螈和許多其他動物身上。蝸牛甚至可以重新長出牠們的頭——想像如果人類能夠做到這一點，世界將會如何。但我們不能。我們也無法長出新的四肢甚至是手指。這就是爲什麼科學家正在研究可以重新生長出身體部位的動物，也就是，再生。他們希望這一系列的研究，幫助人類未來有可能再生。

situation〔ˌsɪtʃʊˈeʃən〕n. 狀況　　starfish〔ˈstɑrˌfɪʃ〕n. 海星
lobster〔ˈlɑbstɚ〕n. 龍蝦　　salamander〔ˈsæləˌmændɚ〕n. 蠑螈
snail〔snel〕n. 蝸牛　　regrow〔riˈgro〕v. 重新生長
regenerate〔rɪˈdʒɛnəˌret〕v. 再生　　research〔ˈrisɝtʃ〕n. 研究
regeneration〔rɪˌdʒɛnəˈreʃən〕n. 再生

　　Many different kinds of animals show some form of regeneration. Most of them are, however, limited to the sort a lizard is capable of, like regrowing a lost tail. A cockroach can grow back a missing limb, but the limb itself can't generate a new cockroach. [33](A) Scientists call this unidirectional regeneration. Bidirectional regeneration, on the other hand, refers to a situation in which splitting of an animal will result in separate fully functional animals. [34](E) This type of regeneration is demonstrated in a few animals, such as hydras and sea stars. Cut a hydra in half, and you'll get two hydras. Cut it into four pieces, and you'll get four.

　　許多不同種類的動物可以展現某種形式的再生。然而，牠們大部分都被限制在蜥蜴能夠做到的形式中，像是重新長出一條失去的尾巴。一隻蟑螂可以長回一隻失去的足肢，但是那隻足肢無法產生一隻新的蟑螂。科學家將這稱之爲單向再生。另一方面來說，雙向再生指的是，動物的分裂會產生分離且具有完整功能的動物。這種類型的再生展現在一些動物上，像是水螅和海星。將水螅切一半，你會得到兩隻水螅。把牠切成四塊，你會得到四隻。

lizard〔ˈlɪzɚd〕n. 蜥蜴　　*be capable of* 能夠　　tail〔tel〕n. 尾巴
cockroach〔ˈkɑkˌrotʃ〕n. 蟑螂　　generate〔ˈdʒɛnəˌret〕v. 產生
unidirectional〔ˌjunɪdəˈrɛkʃənḷ〕adj. 單向的
bidirectional〔ˌbaɪdəˈrɛkʃənḷ〕adj. 雙向的
refer to 指的是　　splitting〔ˈsplɪtɪŋ〕n. 分裂
result in 導致　　separate〔ˈsɛpərɪt〕adj. 分離的；分開的
fully〔ˈfʊlɪ〕adv. 完全地　　functional〔ˈfʌŋkʃənḷ〕adj. 功能的
demonstrate〔ˈdɛmənˌstret〕v. 展現　　hydra〔ˈhaɪdrə〕n. 水螅
sea star 海星　　half〔hæf〕n. 一半　　piece〔pis〕n. 碎片

[35](D) When it comes to regeneration, few animals can equal the magic of the planarian. A single one can be cut into hundreds of pieces and each will grow back into a whole in a week or so. Because of this remarkable ability, one planarian can be created over and over, giving it a sort of immortality. Whether this phenomenon can be achieved in humans will likely require years of research.

當談到再生時，很少動物可以比得上眞渦蟲的魔力。單一隻可以被切成上百個碎片，而每一片都能在一週左右的時間長回一隻完整的眞渦蟲。由於這種驚人的能力，眞渦蟲可以被一遍又一遍的創造，賦予牠某一種永生。這種現象能否在人類身上達成，可能需要多年的研究。

when it comes to 談到　　equal〔ˈikwəl〕*v.* 比得上
magic〔ˈmædʒɪk〕*n.* 魔力　　planarian〔pləˈnɪrɪən〕*n.* 眞渦蟲
single〔ˈsɪŋgļ〕*adj.* 單一的　　whole〔hol〕*n.* 完整的東西
or so 大約　　remarkable〔rɪˈmɑrkəbļ〕*adj.* 驚人的
ability〔əˈbɪlətɪ〕*n.* 能力　　*over and over* 一遍又一遍
immortality〔ˌɪmɔrˈtælətɪ〕*n.* 永生不死
phenomenon〔fəˈnɑməˌnɑn〕*n.* 現象　　achieve〔əˈtʃiv〕*v.* 達成
likely〔ˈlaɪklɪ〕*adv.* 可能地　　require〔rɪˈkwaɪr〕*v.* 需要

五、閱讀測驗：

第 36 至 39 題爲題組

Often named as the most prominent contemporary female architect, Zaha Hadid, an Iraqi-born British woman, is significant for her intellectual toughness and her refusal to compromise on her artistic ideas. For many years, her designs filled the pages of architecture journals but were dismissed as impractical or too radical. Also, being female in a male-dominated field didn't help her succeed.

札哈‧哈蒂（Zaha Hadid）經常被指名爲最著名的當代女性建築師，她是一名出生於伊拉克的英國女性，以她的堅實智力和她拒絕妥協的藝術想法而顯著。多年來，她的設計充滿了各建築學雜誌的頁面，但其設計作品卻因不切實際或太激進而不被錄用。而且，女性的身份在男性主導的建築領域並沒有助她成功。

prominent〔ˈprɑmənənt〕*adj.* 傑出的；有名的
contemporary〔kənˈtɛmpəˌrɛrɪ〕*adj.* 當代的
architect〔ˈɑrkəˌtɛkt〕*n.* 建築師
Iraqi〔ɪˈrɑkɪ〕*adj.* 伊拉克的　　British〔ˈbrɪtɪʃ〕*adj.* 英國的

significant〔 sɪgˈnɪfəkənt 〕 *adj.* 重大的；顯著的
intellectual〔ˌɪntḷˈɛktʃʊəl 〕 *adj.* 智力的；理智的
toughness〔ˈtʌfnɪs 〕 *n.* 堅硬；結實　　refusal〔 rɪˈfjuzḷ 〕 *n.* 拒絕
compromise〔ˈkɑmprəˌmaɪz 〕 *v.* 妥協
artistic〔 ɑrˈtɪstɪk 〕 *adj.* 藝術的　　architecture〔ˈɑrkəˌtɛktʃɚ 〕 *n.* 建築學
journal〔ˈdʒɝnḷ 〕 *n.* 雜誌；期刊　　dismiss〔 dɪsˈmɪs 〕 *v.* 摒棄；不考慮
impractical〔 ɪmˈpræktɪkḷ 〕 *adj.* 不切實際的
radical〔ˈrædɪkḷ 〕 *adj.* 激進的
dominated〔ˈdɑməˌnetɪd 〕 *adj.* 支配的；占主導地位的
field〔 fild 〕 *n.* 領域

Despite these setbacks, **her star began to rise** when her design for Cincinnati's new Center for Contemporary Art was selected and built, earning her worldwide acclaim.　The New York Times described the building as "the most important new building in America since the Cold War."　Once her talent was recognized, commissions started coming in to design a variety of projects, including public transportation, libraries, and opera houses.　In 2004, Hadid became the first woman to win the prestigious Pritzker Prize.　She also won the Stirling Prize in 2010 and 2011.

儘管有這些挫折，她的運途卻開始走上坡，當她的設計獲選，並建為辛辛那提市的新當代藝術中心時，她贏得了全世界的好評。紐約時報將這座建築形容為「自冷戰以來美國最重要的新建築」。一旦她的才華被認可了，委託設計的各式各樣計劃就開始進來，包括公共交通、圖書館和歌劇院等。2004 年，哈蒂成為第一位贏得著名普利茲克獎的女性。她也在 2010 年和 2011 年贏得了斯特林獎。

despite〔 dɪˈspaɪt 〕 *prep.* 儘管　　setback〔ˈsɛtˌbæk 〕 *n.* 挫折
Cincinnati〔ˌsɪnsəˈnætɪ 〕 *n.* 辛辛那提市【位於美國俄亥俄州】
select〔 səˈlɛkt 〕 *v.* 挑選　　earn〔 ɝn 〕 *v.* 博得（名聲）
worldwide〔ˈwɝldˌwaɪd 〕 *adj.* 全世界的
acclaim〔 əˈklem 〕 *n.* 喝采；稱讚　　describe〔 dɪˈskraɪb 〕 *v.* 形容 *< as >*
Cold War 冷戰【第二次世界大戰之後，以美國及英國為首的資本主義陣
　營，與以蘇聯為首的社會主義陣營之間，長達半世紀的政治對抗】
talent〔ˈtælənt 〕 *n.* 才華　　recognize〔ˈrɛkəgˌnaɪz 〕 *v.* 認可；表彰
commission〔 kəˈmɪʃən 〕 *n.* 委託　　***come in*** 進來
variety〔 vəˈraɪətɪ 〕 *n.* 多樣　　***a variety of*** 各式各樣的
project〔ˈprɑdʒɛkt 〕 *n.* 計劃
transportation〔ˌtrænspɚˈteʃən 〕 *n.* 運輸工具；交通車輛

opera house 歌劇院　　prestigious〔prɛsˈtɪdʒəs〕*adj.* 有名望的
Pritzker Prize 普利茲克獎【又名普立茲克建築獎（Pritzker Architecture
　　Prize），以表彰「在世建築師，其建築作品展現了其天賦、遠見與奉獻等
　　特質的交融，並透過建築藝術，立下對人道與建築環境延續且意義重大的
　　貢獻」，於 1979 年由傑‧普立茲克和妻子辛蒂設立，由普立茲克家族資
　　助；普立茲克建築獎被公認是全球最主要的建築獎項之一，有「建築界的
　　諾貝爾獎」的美譽】
Stirling Prize 斯特林獎【又名英國皇家建築師學會斯特林獎，是英國優
　　秀建築獎。它的命名是源於建築師詹姆斯‧斯特林（James Stirling, 1926-
　　1992），每年由英國皇家建築師學會（RIBA）頒發】

Hadid's interest in architecture had roots in a trip her family took to the ancient Sumer region in southern Iraq, the site of one of the world's oldest civilizations, when she was a teenager. She recalled: "The beauty of the landscape—where sand, water, reeds, birds, buildings, and people all somehow flowed together—has never left me. I'm trying to discover— invent, I suppose—an architecture, and forms of urban planning, that do something of the same thing in a contemporary way."

　　哈蒂對建築的興趣源自於，當她青少年時，和她的家人回到世界上最古老的文明地點之一，伊拉克南部古老的蘇美地區的旅行。她回憶到:「那個景觀的美麗——沙子、水、蘆葦、鳥、建物和人，都以某種方式流淌在一起——從未離開過我。我試圖去發現——創造，我想——一個建物和城市規劃的形式，以當代的方式做同樣的事情。」

root〔rut〕*n.* 根源；來源　　ancient〔ˈenʃənt〕*adj.* 古老的
Sumer 蘇美【目前發現於美索不達米亞文明中最早的文明體系，同時也
　　是「全世界最早產生的文明」之一。蘇美文明主要位於美索不達米亞平原
　　的南部，現今伊拉克南部】　　region〔ˈridʒən〕*n.* 地區
Iraq〔ɪˈrɑk〕*n.* 伊拉克　　civilization〔ˌsɪvl̩əˈzeʃən〕*n.* 文明
recall〔rɪˈkɔl〕*v.* 回憶到；想起
landscape〔ˈlæn(d)skep〕*n.* 景觀；景色　　reed〔rid〕*n.* 蘆葦
flow〔flo〕*v.* 流動　　discover〔dɪˈskʌvɚ〕*v.* 發現
invent〔ɪnˈvɛnt〕*v.* 創造　　suppose〔səˈpoz〕*v.* 猜想；推測
form〔fɔrm〕*n.* 形式　　urban〔ˈɝbən〕*adj.* 城市的

Nature's forms appear as a recurrent source of inspiration for Hadid's architecture. Her designs are daring and visionary experiments with space and with the relationships of buildings to their urban surroundings. She consistently pushes the boundaries of architecture and urban design in the pursuit of a visionary aesthetic that expresses her ideals.

自然形式似乎一直是哈蒂建築的靈感來源。她的設計是大膽和有遠見的空間實驗，也是建築與其城市環境關係的實驗。她一直在挑戰建築和城市設計的極限，以追求能表達她理想的遠見美學。

> appear〔əˈpɪr〕v. 看起來；似乎
> recurrent〔rɪˈkɝənt〕adj. 反覆發生的　　source〔sors〕n. 根源
> inspiration〔ˌɪnspəˈreʃən〕n. 靈感　　daring〔ˈdɛrɪŋ〕adj. 大膽的
> visionary〔ˈvɪʒənˌɛrɪ〕adj. 有遠見的；有想像力的
> experiment〔ɪkˈspɛrəmənt〕n. 實驗
> surroundings〔səˈraʊndɪŋz〕n. pl. 環境；周圍的事物
> consistently〔kənˈsɪstəntlɪ〕adv. 一致地；一貫地；一直
> boundary〔ˈbaʊndərɪ〕n. 界限
> ***push the boundaries*** 挑戰極限；測試底限
> pursuit〔pɚˈsut〕n. 追求　　aesthetic〔ɛsˈθɛtɪk〕n. 美學；審美觀
> express〔ɪkˈsprɛs〕v. 表達　　ideal〔aɪˈdiəl〕n. 理想

36. (**D**) 根據本文，哈蒂成功的主要因素是什麼？
   (A) 她家人的支持。　　　　　　(B) 她民族的起源。
   (C) 她的性別和教育。　　　　　(D) <u>她的遠見和才華。</u>

> passage〔ˈpæsɪdʒ〕n. 段落；文章
> major〔ˈmedʒɚ〕adj. 主要的　　factor〔ˈfæktɚ〕n. 因素
> support〔səˈport〕n. 支持　　ethnic〔ˈɛθnɪk〕adj. 民族的
> origin〔ˈɔrədʒɪn〕n. 起源　　gender〔ˈdʒɛndɚ〕n. 性別
> education〔ˌɛdʒəˈkeʃən〕n. 教育　　vision〔ˈvɪʒən〕n. 遠見

37. (**B**) 第二段的 "…her star began to rise…"，作者是什麼意思？
   (A) 她開始發財。　　　　　　　(B) <u>她受到更多人認可。</u>
   (C) 她的設計變得經典。　　　　(D) 她的想法開始成形。

> fortune〔ˈfɔrtʃən〕n. 財富　　***make a fortune*** 發財；賺大錢
> classical〔ˈklæsɪkḷ〕adj. 經典的　　***take shape*** （計劃、方案）成形

38. (**D**) 第三段主要是關於什麼？
   (A) 哈蒂家族的文化背景。　　　(B) 哈蒂故鄉的美麗風景。
   (C) 生動回憶著哈蒂青少年時期的生活。
   (D) <u>哈蒂的建築哲學的根本來源。</u>

> cultural〔ˈkʌltʃərəl〕adj. 文化的　　background〔ˈbækˌɡraʊnd〕n. 背景
> vivid〔ˈvɪvɪd〕adj. 生動的　　recollection〔ˌrɛkəˈlɛkʃən〕n. 回憶

fundamental〔ˌfʌndəˈmɛntḷ〕*adj.* 根本的
architectural〔ˌɑrkəˈtɛktʃərəl〕*adj.* 建築的
philosophy〔fəˈlɑsəfɪ〕*n.* 哲學

39. (**C**) 根據本文，關於哈蒂的建築事業，下列何者爲眞？
 (A) 她在紐約建了第一座當代藝術中心。
 (B) 她的建案主要是都會區的博物館。
 (C) <u>她的作品以大膽地表現當代和創新爲特色。</u>
 (D) 由於她的政治背景，她早期的設計經常被拒絕。

career〔kəˈrɪr〕*n.* 事業　　characterize〔ˈkærɪktəˌraɪz〕*v.* 以…爲特色
innovative〔ˈɪnoˌvetɪv〕*adj.* 創新的
reject〔rɪˈdʒɛkt〕*v.* 拒絕　　political〔pəˈlɪtɪkḷ〕*adj.* 政治的

第 40 至 43 題爲題組

 Todd Bol, a retired businessman, could never have expected that a wooden container he built on his deck one day in 2009 would have the global impact it does today. 泰德・波爾，一名退休的商人，從來沒有預期過2009年的某天，他在自己家露台上建造的木箱，可以擁有像今天一樣全球性的影響力。

retired〔rɪˈtaɪrd〕*adj.* 退休的　　businessman〔ˈbɪznɪsˌmæn〕*n.* 商人
expect〔ɪkˈspɛkt〕*v.* 預期　　wooden〔ˈwʊdṇ〕*adj.* 木製的
container〔kənˈtenɚ〕*n.* 容器；箱子　　deck〔dɛk〕*n.* 露台
global〔ˈglobḷ〕*adj.* 全球的　　impact〔ˈɪmpækt〕*n.* 影響

 Bol built a dollhouse-size structure that looked like a schoolhouse on a post, and he put it on his lawn as a free community library to commemorate his mother, who was a book lover and school teacher. Bol's **prototype** gave birth to Little Free Library (LFL), a nonprofit organization that seeks to place small, accessible book exchange boxes in neighborhoods around the world. The concept is simple: Neighbors are invited to share a book, leave a book, or both. Today, there are over 50,000 of these libraries registered in 70 countries. 波爾在一根柱子上建造了一個娃娃屋大小、看起來像是校舍的房子，然後將它放在他的草坪上，作爲一間免費的社區圖書館，用來緬懷他的母親，她是一名書籍愛好者以及學校老師。波爾的原型催生了街頭迷你圖書館（LFL），一個非營利性的組織，他們試圖在全世界的社區裡放置小巧的、方便使用的書籍交換箱。這個概念很簡單。街坊鄰居被邀請來分享一本書、留下一本書，或是兩者皆可。時至今日，已經有超過五萬個這樣的圖書館分別註冊於七十個國家中。

dollhouse〔'dɑl,haʊs〕*n.* 娃娃屋
structure〔'strʌktʃə〕*n.* 構造；建築物
schoolhouse〔'skul,haʊs〕*n.* 校舍　　post〔post〕*n.* 柱子
lawn〔lɔn〕*n.* 草坪　　community〔kə'mjunətɪ〕*n.* 社區
commemorate〔kə'mɛmə,ret〕*v.* 紀念
prototype〔'protə,taɪp〕*n.* 原型　　***give birth to*** 產生
Little Free Library（= *LFL*）　街頭迷你圖書館【街頭圖書館始於美國
　威斯康辛州 Hudson 小鎮，它的發起人泰德・波爾為了紀念熱愛閱讀的母
　親，製作了一個精巧的校舍造型圖書箱，將放滿書籍的書箱放置在庭院中
　供人們自由取閱。之後，波爾與瑞克・布魯克斯共同創立以 Little Free
　Library 為名的非營利組織，開啓一個世界性的推廣計畫，以「一書換一書
　(Take a Book, Return a Book)」為口號，透過募集志願者以及與其他組
　織合作，在世界各地設置街 頭圖書館。】
nonprofit〔,nɑn'prɑfɪt〕*adj.* 非營利性的
organization〔,ɔrgənə'zeʃən〕*n.* 組織　　seek〔sik〕*v.* 嘗試；試圖
place〔ples〕*v.* 放置　　accessible〔æk'sɛsəbl〕*adj.* 容易取得的
exchange〔ɪks'tʃendʒ〕*n.* 交換
neighborhood〔'nebə,hʊd〕*n.* 鄰近社區
around the world 遍及全球　　concept〔'kɑnsɛpt〕*n.* 概念
share〔ʃɛr〕*v.* 分享　　register〔'rɛdʒɪstə〕*v.* 登記；註冊

Almost everyone can register with LFL and start a library as long as the person keeps it in good shape and makes sure that book materials are appropriate for his/her neighborhood. Library owners can create their own library boxes; therefore, the libraries are usually unique in appearance, and there seems to be no limit to the possibilities. One library in California was built out of a used wine crate; another in Texas had tiny stairs and bright colored walls. Once registered, libraries are assigned a number at LFL's website. The LFL Index lists the locations of all libraries with GPS coordinates and other information. Owners receive a sign that reads "Little Free Library."

　　幾乎每一個人都可以用LFL註冊，設立一座圖書館，只要維持良好的外觀，以及確認書籍材料適合鄰近社區。圖書館擁有者可以創造他們自己的書箱；因此，圖書箱在外觀上通常是獨一無二的，而且可能性似乎沒有極限。一座在加州的圖書館，是由使用過的酒箱建造而成；另一座在德州的圖書館，擁有迷你的階梯和色彩明亮的外牆。一旦註冊，圖書館會在LFL 的網站上被分配一個號碼。LFL 的索引列出所有圖書館的地點，以及GPS 座標和其他資訊。圖書館擁有人會得到一個寫著「街頭迷你圖書館」的牌子。

as long as 只要　　shape〔ʃep〕*n.* 外形；情況

in good shape 情況良好　　*make sure* 確認

material〔mə'tɪrɪəl〕*n.* 材料　　appropriate〔ə'proprɪɪt〕*adj.* 適當的

owner〔'onɚ〕*n.* 擁有者　　create〔krɪ'et〕*v.* 創造

unique〔ju'nik〕*adj.* 獨特的　　possibility〔ˌpɑsə'bɪlətɪ〕*n.* 可能性

California〔ˌkælə'fɔrnjə〕*n.* 加利福尼亞州

be built out of 由…建成　　used〔just〕*adj.* 用過的

wine〔waɪn〕*n.* 葡萄酒　　crate〔kret〕*n.* 板條箱

Texas〔'tɛksəs〕*n.* 德克薩斯州　　tiny〔'taɪnɪ〕*adj.* 微小的

stair〔stɛr〕*n.* 階梯　　bright〔braɪt〕*adj.* 明亮的

assign〔ə'saɪn〕*v.* 指派；分配　　website〔'wɛb,saɪt〕*n.* 網站

index〔'ɪndɛks〕*n.* 索引　　list〔lɪst〕*v.* 列出

location〔lo'keʃən〕*n.* 位置

GPS 全球定位系統 (= *Global Positioning System*)

coordinate〔ko'ɔrdnɪt〕*n.* 座標

information〔ˌɪnfɚ'meʃən〕*n.* 資訊

receive〔rɪ'siv〕*v.* 收到　　sign〔saɪn〕*n.* 牌子

　　People say they have been more inclined to pick up a book when walking by a Little Free Library, out of curiosity and because it's convenient. Some sidewalk librarians say they have met more neighbors since having a little library in their front yard. Bol is also most proud of the way Little Free Library is bringing communities together. "It's started a neighborhood exchange. It gets people talking and more comfortable with their neighbors," he says. "This leads to them helping each other."

　　人們表示，當經過一座街頭迷你圖書館時，他們更容易會去挑選一本書，出於好奇心以及因為很方便。一些人行道的圖書館長說，他們自從在前院擁有迷你圖書館以來，已經遇到更多鄰居。波爾也很榮幸街頭迷你圖書館將社區團結起來。「鄰居之間的交換開始了。它讓人們聊得更多，並且跟鄰居相處得更自在。」他說。「這促使他們幫助彼此。」

be inclined to 傾向於　　*pick up* 挑選　　*walk by* 經過

curiosity〔ˌkjʊrɪ'ɑsətɪ〕*n.* 好奇心　　*out of curiosity* 出於好奇心

sidewalk〔'saɪd,wɔk〕*n.* 人行道

librarian〔laɪ'brɛrɪən〕*n.* 圖書館長　　*front yard* 前院

be proud of 以…為榮　　*bring together* 使團結

lead to 導致；致使　　*each other* 彼此

40.（ **D** ）關於泰德・波爾，下列何者未被提及？
　　(A) 他的母親以前是學校老師。
　　(B) 他以前從事貿易和商業。
　　(C) 他提供社區一項良好的服務。
　　(D) 他建造了一間校舍，向他的母親致敬。

　　used to + V 以前是　　　***be engaged in*** 從事　　　trade〔tred〕*n.* 貿易
　　commerce〔'kɑməs〕*n.* 商業　　provide〔prə'vaɪd〕*v.* 提供
　　service〔'sɝvɪs〕*n.* 服務　　　tribute〔'trɪbjut〕*n.* 貢物；讚辭
　　pay tribute to 向…致敬

41.（ **B** ）在第二段中的 **"prototype"** 指的是什麼？
　　(A) 一個社區中心。　　　　　　(B) 一個書籍交換箱。
　　(C) 一間柱子上的娃娃屋。　　　(D) 一個非營利組織。

42.（ **A** ）關於一座街頭迷你圖書館的運作，下列何者為真？
　　(A) 圖書館可以有任何外形和顏色。
　　(B) 圖書館在選書的素材上沒有限制。
　　(C) 圖書館所有人首先必須從 LFL 的網站上被分派一個號碼。
　　(D) 圖書館館長負責書籍的借出和歸還。

　　come in 有（～外形、顏色等）　　selection〔sə'lɛkʃən〕*n.* 選擇
　　in charge of 負責　　***check in*** 辦理歸還手續
　　check out 辦理借（書）手續

43.（ **B** ）何者是街頭迷你圖書館的一項貢獻？
　　(A) LFL 的索引可以改善全球定位系統的功能。
　　(B) 它以一個簡單的方式推廣閱讀以及提升識字率。
　　(C) 它幫忙強化了全世界圖書館團體。
　　(D) 它的地點滿足了人們對鄰居的好奇心。

　　function〔'fʌŋkʃən〕*n.* 功能　　promote〔prə'mot〕*v.* 促進；推廣
　　literacy〔'lɪtərəsɪ〕*n.* 識字率　　strengthen〔'strɛŋθən〕*v.* 加強
　　association〔ə,sosɪ'eʃən〕*n.* 協會；團體
　　satisfy〔'sætɪs,faɪ〕*v.* 滿足

第 44 至 47 題為題組

　　The term "forensic linguistics," in its broadest sense, covers all areas
of study where language and law intersect. A famous example of its
application is the case of Chris Coleman, who was suspected of killing his

family in 2009. Robert Leonard, the head of the forensic linguistics
program at Hofstra University, presented some important linguistic
evidence in the trial against Coleman. Relying heavily on word choice
and spelling, Leonard suggested that the same person had written the
threatening e-mails and sprayed the graffiti, and that those samples bore
similarities to Coleman's writing style. Coleman was later found guilty
of the murder.

「司法語言學」這個名詞最廣義來說，涵蓋語言和法律相交的所有研究領域。在應用上的一個著名的例子是，涉嫌在 2009 年殺害家人的克里斯‧柯爾曼的案子。霍夫斯特拉大學司法語言學課程主任羅伯特‧雷納德，在審判時提出一些重要的語言學證據，來對抗柯爾曼。極度仰賴選字和拼字，雷納德暗示同一個人寫下威脅的電子郵件，並且噴灑塗鴉，而那些樣品都和柯爾曼的書寫風格有相似性。柯爾曼之後在該謀殺案中被判有罪。

term〔tɜm〕*n.* 術語；用語　　forensic〔fə'rɛnsɪk〕*adj.* 法庭的

linguistics〔lɪŋ'gwɪstɪks〕*n.* 語言學　　broad〔brɔd〕*adj.* 廣泛的

sense〔sɛns〕*n.* 意義　　cover〔'kʌvɚ〕*v.* 涵蓋

study〔'stʌdɪ〕*n.* 研究　　intersect〔ˌɪntɚ'sɛkt〕*v.* 相交

application〔ˌæplə'keʃən〕*n.* 應用　　case〔kes〕*n.* 案件

suspect〔sə'spɛkt〕*v.* 懷疑；涉嫌　　program〔'progræm〕*n.* 課程

present〔prɪ'zɛnt〕*v.* 提出　　evidence〔'ɛvədəns〕*n.* 證據

trial〔'traɪəl〕*n.* 審判　　rely〔rɪ'laɪ〕*v.* 依賴 *< on >*

suggest〔sə'dʒɛst〕*v.* 暗示　　threaten〔'θrɛtn̩〕*v.* 威脅

spray〔spre〕*v.* 噴灑　　graffiti〔grə'fiti〕*n.* 塗鴉

sample〔'sæmpl̩〕*n.* 樣品；例子　　bear〔bɛr〕*v.* 帶有

similarity〔ˌsɪmə'lærətɪ〕*n.* 類似；相似

guilty〔'gɪltɪ〕*adj.* 有罪的　　murder〔'mɜdɚ〕*n.* 謀殺案

Robert Leonard was not the first one who resorted to linguistic
evidence in criminal investigation. The field of forensic linguistics was
brought to prominence by his colleague James Fitzgerald in 1996 with his
work in the case of the Unabomber, who had sent a series of letter bombs
to college professors over several years, causing serious casualties. Working
for the FBI, Fitzgerald urged the publication of the Unabomber's letter—
a lengthy declaration of the criminal's philosophy.

羅伯特・雷納德並非在犯罪調查中，訴諸於語言學證據的第一人。使司法語言學的領域出名的，是他的同事詹姆士・費茲傑羅，他在 1996 年，研究大學炸彈客的案件，大學炸彈客在長達數年之間，寄送一系列的郵包炸彈給大學教授，造成嚴重死傷。費茲傑羅替聯邦調查局工作，極力主張公開大學炸彈客的信件，那是一份該罪犯人生哲學的冗長告白。

resort〔rɪˈzɔrt〕*v.* 訴諸於 < *to* >
criminal〔ˈkrɪmən̩〕*adj.* 犯罪的　*n.* 罪犯
investigation〔ɪnˌvɛstəˈgeʃən〕*n.* 調查
prominence〔ˈpramənəns〕*n.* 顯著；卓越
colleague〔ˈkalig〕*n.* 同事　　***Unabomber*** 大學炸彈客
a series of 一連串的　　casualty〔ˈkæʒʊəltɪ〕*n.* 死傷者
urge〔ɜdʒ〕*v.* 極力主張　　publication〔ˌpʌbləˈkeʃən〕*n.* 公開
lengthy〔ˈlɛŋθɪ〕*adj.* 冗長的　　declaration〔ˌdɛkləˈreʃən〕*n.* 宣言
philosophy〔fəˈlasəfɪ〕*n.* 人生哲學

After the letter was published, many people called the FBI to say they recognized the writing style. By analyzing sentence structure, word choice, and other linguistic patterns, Fitzgerald narrowed down the range of possible authors and finally linked the letter to the writings of Ted Kaczynski, a solitary former mathematician. For instance, Kaczynski tended to use extensive parallel phrases, which were frequently found in the bomber's letter. Both Kaczynski and the bomber also showed a preference for dozens of unusual words, such as "chimerical" and "anomic." The bomber's use of the terms "broad" for women and "negro" for African Americans also enabled Fitzgerald to roughly calculate the suspect's age. The linguistic evidence was strong enough for the judge to search Kaczynski's isolated cabin in Montana; what was found there put him in prison for life.

在信件被公開後，許多人打電話到聯邦調查局，聲稱他們認得該書寫風格。透過分析句子結構、選字，和其他語言模式，費茲傑羅縮小可能的作者的範圍，最後從信件連結到孤獨的前數學家泰德・卡辛斯基的書寫作品。舉例來說，卡辛斯基傾向於使用大量平行的片語，這在炸彈客的信件中經常發現。卡辛斯基和炸彈客都顯示出對數十個罕見用字的偏好，例如「荒誕不經的」和「社會道德淪喪的」。炸彈客用「妓女」這個名詞來稱呼女性，「黑鬼」來稱呼非裔美國人，也讓費茲傑羅能夠概略地計算出嫌疑犯的年紀。語言學上的證據足夠有力，讓法官去搜索卡辛斯基在蒙大拿的小屋，而在那裡發現的東西讓他終身監禁。

publish〔'pʌblɪʃ〕v. 公布　　recognize〔'rɛkəg,naɪz〕v. 認得
analyze〔'ænḷ,aɪz〕v. 分析　　structure〔'strʌktʃɚ〕n. 結構
pattern〔'pætən〕n. 型式；模式　　narrow〔'næro〕v. 使縮小
range〔rendʒ〕n. 範圍　　link〔lɪŋk〕v. 連結
solitary〔'sɑlə,tɛrɪ〕adj. 孤單的　　former〔'fɔrmɚ〕adj. 以前的
mathematician〔,mæθəmə'tɪʃən〕n. 數學家
tend〔tɛnd〕v. 傾向 < to V >　　extensive〔ɪk'stɛnsɪv〕adj. 大規模的
parallel〔'pærə,lɛl〕adj. 平行的　　phrase〔frez〕n. 片語；措辭
frequently〔'frikwəntlɪ〕adv. 常常　　preference〔'prɛfərəns〕n. 偏愛
chimerical〔kə'mɪrɪkḷ〕adj. 荒誕不經的
anomic〔ə'nɑmɪk〕adj. 社會道德淪喪的
broad〔brɔd〕n. 妓女【輕蔑語】　　negro〔'nigro〕n. 黑人【輕蔑語】
roughly〔'rʌflɪ〕adv. 大略地　　calculate〔'kælkjə,let〕v. 計算
suspect〔'sʌspɛkt〕n. 嫌疑犯　　isolated〔'aɪsḷ,letɪd〕adj. 孤立的
cabin〔'kæbɪn〕n. 小屋　　prison〔'prɪzṇ〕n. 監獄　　*for life* 終身地

On some level, finding hidden meanings from linguistic evidence is what we all do intuitively in our daily language interaction. This is exactly the same work forensic professionals do. As one forensic-linguistics firm, *Testipro*, puts it in its online promotional ad, the field can be regarded as "the basis of the entire legal system."

在某種程度上，從語言證據當中找出隱藏的意思，是我們日常言語交流中直覺做的事。這是和法律專業人士做一樣的事。當一間司法語言學事務所，將 Testipro 這個字放到它線上的宣傳廣告，該領域可以被認為是「整個法律系統的基礎。」

level〔'lɛvḷ〕n. 水準；程度　　hidden〔'hɪdṇ〕adj. 隱藏的
intuitively〔ɪn'tjuɪtɪvlɪ〕adv. 直覺地
interaction〔,ɪntɚ'ækʃən〕n. 交互作用；互動
exactly〔ɪg'zæklɪ〕adv. 正好　　professional〔prə'fɛʃənḷ〕n. 專業人士
firm〔fɝm〕n. 事務所　　promotional〔prə'moʃənḷ〕adj. 宣傳的
basis〔'besɪs〕n. 基礎　　entire〔ɪn'taɪr〕adj. 整個；全新的
legal〔'ligḷ〕adj. 法律的

44.(**C**) 這段文章的主旨是什麼？
(A) 羅伯特・雷納德已經在法庭案件提供語言證據。
(B) 聯邦調查局主要仰賴語言專家來解決犯罪案件。
(C) <u>研究原文可以在犯罪調查中提供重要的證據。</u>

(D) 在日常交流中找出語言使用的隱藏意思是重要的。

court〔kort〕*n.* 法庭　　expert〔ˈɛkspɝt〕*n.* 專家

text〔tɛkst〕*n.* 原文;正文;內文　　critical〔ˈkrɪtɪkl̩〕*adj.* 重要的

45. (**C**) 關於大學炸彈客,以下何者為眞?

(A) 他不喜歡被叫黑鬼。　　　　(B) 他擅長分析語言的使用。

(C) 他在一項書面聲明中發表自己的人生哲學。

(D) 他是一位住在霍夫斯特拉校園的數學教授。

written〔ˈrɪtn̩〕*adj.* 書面的　　statement〔ˈstetmənt〕*n.* 聲明

46. (**A**) 什麼語言特色並未在本文提及?

(A) 聲音模式。　　　　　　　(B) 拼字。

(C) 選字。　　　　　　　　　(D) 文法格式。

grammatical〔grəˈmætɪkl̩〕*adj.* 文法上的

47. (**D**) 由本文可推論什麼?

(A) 書寫的過程,意思可能會被扭曲。

(B) 有些語言使用的特徵每個人都有。

(C) 罪行通常都是受到高等教育的人犯下的。

(D) 人們傾向於在語言的使用堅持某些習慣的模式。

distort〔dɪsˈtɔrt〕*v.* 扭曲　　feature〔ˈfitʃɚ〕*n.* 特徵

commit〔kəˈmɪt〕*v.* 犯 (罪)　　***stick to*** 堅持

habitual〔həˈbɪtʃuəl〕*adj.* 習慣性的

第 48 至 51 題為題組

During the past three hundred years, when a country gains its freedom or independence, one of the first things established is a national anthem. National anthems are generally played and sung at formal state occasions and other events which celebrate or support the country's national identity.

在過去的三百年,當一個國家獲得自由或是獨立,第一件要做的事之一,就是創立國歌。國歌通常是在國家正式的場合或活動中播送和演唱,慶祝或擁護國家身份的認同。

gain〔gen〕*v.* 獲得　　freedom〔ˈfridəm〕*n.* 自由

independence〔ˌɪndɪˈpɛndəns〕*n.* 獨立

establish〔əˈstæblɪʃ〕*v.* 建立;創立

national〔ˈnæʃənl̩〕*adj.* 國家的　　anthem〔ˈænθəm〕*n.* 頌歌;國歌

generally〔ˈdʒɛnərəlɪ〕*adv.* 一般;通常　　formal〔ˈfɔrml̩〕*adj.* 正式的

state〔stet〕*adj.* 國家的　*n.* 州　　occasion〔əˋkeʒən〕*n.* 場合
event〔ɪˋvɛnt〕*n.* 活動；大事　　celebrate〔ˋsɛləˏbret〕*v.* 慶祝
support〔səˋport〕*v.* 支持；鼓勵；擁護
identity〔aɪˋdɛntətɪ〕*n.* 身份；認同

Holland's 16th-century hymn "Het Wilhelmus" is widely considered the world's oldest national anthem, followed by the U.K.'s "God Save the King/Queen"—also a hymn, popularized in the 1740s. As nationalism spread throughout Europe in the 18th and 19th centuries, so did anthems. Many countries, such as the independent states that are today part of Germany, took "God Save the King/Queen" as a model and adopted hymns (songs of prayer typically addressed to a deity or VIP). Others, notably Spain and France, chose marches (songs with a strong, regular rhythm often performed by military bands)—which expressed a martial rather than monarchic spirit. With imperialism, Europeans spread their musical taste. Even when former colonies gained independence, they often imitated the traditions of their former rulers. The result is that most anthems are either hymns or marches, played on European instruments.

荷蘭 16 世紀的聖歌《威廉頌》，普遍被認為是全世界最古老的國歌，接下來是英國的《天佑吾王》──也是聖歌，在 1740 年代普及。隨著國家主義在 18 以及 19 世紀歐洲蔓延開來，國歌也跟至。很多國家，例如現在德國部分獨立的州，以《天佑吾王》為範例採用聖歌（對神或重要人物的祈禱歌）。其他的國家，特別是西班牙和法國，選擇進行曲（由軍樂隊演奏的歌曲，有強烈規律的節奏）──表達了軍隊而非君主的精神。隨著帝國主義，歐洲人擴展了他們音樂的品味。即使當前殖民地獲得獨立，他們常常模仿他們前統治者的傳統。結果就是大多的國歌不是聖歌就是進行曲，用歐洲的樂器演奏。

Holland〔ˋholənd〕*n.* 荷蘭　　hymn〔hɪm〕*n.* 聖歌；讚美詩
Het Wilhelmus〔hɛt vɪˋhɛlməs〕*n.* 威廉頌【荷蘭國歌】
followed by 接著是　　***U.K.*** 英國（= *United Kingdom*）
popularize〔ˋpɑpjələˏraɪz〕*v.* 普及
nationalism〔ˋnæʃənlˏɪzəm〕*n.* 民族主義；國家主義
spread〔sprɛd〕*v.* 散播；蔓延　　throughout〔θruˋaʊt〕*prep.* 遍及
independent〔ˏɪndɪˋpɛndənt〕*adj.* 獨立的
Germany〔ˋdʒɝmənɪ〕*n.* 德國　　model〔ˋmɑdl〕*n.* 模型；範例
adopt〔əˋdɑpt〕*v.* 採用　　prayer〔prɛr〕*n.* 祈禱
typically〔ˋtɪpɪklɪ〕*adv.* 通常　　address〔əˋdrɛs〕*v.* 說

deity〔ˈdiətɪ〕*n.* 神　　***VIP*** 貴賓；重要人物（= *Very Important Person*）
notably〔ˈnotəblɪ〕*adv.* 特別地　　Spain〔spen〕*n.* 西班牙
France〔fræns〕*n.* 法國　　march〔mɑrtʃ〕*n.* 行軍；進行曲
regular〔ˈrɛgjələ〕*adj.* 規律的　　rhythm〔ˈrɪðəm〕*n.* 節奏
perform〔pəˈfɔrm〕*v.* 演奏　　military〔ˈmɪlə͵tɛrɪ〕*adj.* 軍人的
band〔bænd〕*n.* 樂團　　express〔ɪkˈsprɛs〕*v.* 表達
martial〔ˈmɑrʃəl〕*adj.* 軍隊的　　monarchic〔məˈnɑrkɪk〕*adj.* 君主的
spirit〔ˈspɪrɪt〕*n.* 精神　　imperialism〔ɪmˈpɪrɪəl͵ɪzəm〕*n.* 帝國主義
taste〔test〕*n.* 品味　　former〔ˈfɔrmə〕*adj.* 從前的
colony〔ˈkɑlənɪ〕*n.* 殖民地　　imitate〔ˈɪmə͵tet〕*v.* 模仿
tradition〔trəˈdɪʃən〕*n.* 傳統　　ruler〔ˈrulə〕*n.* 統治者
result〔rɪˈzʌlt〕*n.* 結果　　European〔͵jurəˈpiən〕*adj.* 歐洲的
instrument〔ˈɪnstrəmənt〕*n.* 樂器

Japan's anthem makes for a good case study of European influence.
In the 1860s a British bandmaster living in Japan, John William Fenton,
noted that the country did not have a national anthem. A local military
officer, Ōyama Iwao, selected the lyrics from a Heian era poem and Fenton
wrote the melody. About a decade later, a Japanese committee chose a
replacement melody by a court musician—one that had been composed for
traditional Japanese instruments, but in a mixed style influenced by
Fenton's arrangement. The version in use today was also altered by
German Franz Eckert to fit a Western scale.

關於歐洲的影響，日本的國歌有助於作為一個很好的案例分析。在 1860 年
代，一位住在日本的英國樂團指揮，約翰・威廉・芬頓，注意到日本沒有國歌。
一位當地的軍官，大山巖，從一首平安時代的詩中挑選歌詞，而芬頓作曲。大
約十年後，日本委員會選了宮廷樂師作的曲來替換——這首歌為了日本傳統樂
器而作曲，但受到芬頓的影響有混音的風格。目前使用的版本也是由德國的法
蘭茲・耶克特改編，以符合西方的音階。

make for 有助於　　***case study*** 個案研究；案例分析
influence〔ˈɪnfluəns〕*n. v.* 影響　　British〔ˈbrɪtɪʃ〕*adj.* 英國的
bandmaster〔ˈbænd͵mæstə〕*n.* 樂隊隊長；指揮
John William Fenton 約翰・威廉・芬頓　　note〔not〕*v.* 注意
local〔ˈlokl̩〕*adj.* 當地的　　officer〔ˈɔfəsə〕*n.* 軍官
Ōyama Iwao 大山巖　　lyrics〔ˈlɪrɪks〕*n. pl.* 歌詞
Heian era 平安時代【日本歷史西元 794-1185 年】
poem〔ˈpo·ɪm〕*n.* 詩　　melody〔ˈmɛlədɪ〕*n.* 旋律；歌曲

decade〔ˋdɛked〕*n.* 十年　　committee〔kəˋmɪtɪ〕*n.* 委員會
replacement〔rɪˋplesmənt〕*n.* 替換；替代
court〔kort〕*adj.* 宮廷的　　compose〔kəmˋpoz〕*v.* 作（曲）
mixed〔mɪkst〕*adj.* 混聲的　　style〔staɪl〕*n.* 風格；形式
arrangement〔əˋrendʒmənt〕*n.* 改編；編曲
version〔ˋvɝʒən〕*n.* 版本　　***in use*** 使用中的
alter〔ˋɔltə〕*v.* 更改　　German〔ˋdʒɝmən〕*adj.* 德國的
Franz Eckert 法蘭茲・耶克特【日本國歌「君之代」的編曲者】
fit〔fɪt〕*v.* 符合　　scale〔skel〕*n.* 音階

In addition to hymns and marches, British composer Michael Bristow identifies a couple of more minor categories. National anthems in South and Central America are often operatic, with long, elaborate orchestral introductions. These were influenced by 19th-century Italian opera. Burma and Sri Lanka are both in a folk group, as they rely more on indigenous instruments.

　　除了聖歌和進行曲，英國作曲家麥克・布里司托還發現了幾個較小的分類。中南美洲的國歌常常是歌劇式的，有長而繁複的管弦樂前奏曲。這是受 19 世紀義大利歌劇的影響。緬甸和斯里蘭卡兩者屬於民謠的類型，因為他們比較仰賴當地的樂器。

in addition to 除了…（還有）　　***Michael Bristow*** 麥克・布里司托
identify〔aɪˋdɛntəˏfaɪ〕*v.* 辨識；指認；發現　　***a couple of*** 幾個
minor〔ˋmaɪnə〕*adj.* 較小的；較不重要的
category〔ˋkætəˏgorɪ〕*n.* 分類　　operatic〔ˏɑpəˋrætɪk〕*adj.* 歌劇風格的
elaborate〔ɪˋlæbərɪt〕*adj.* 複雜的；精巧的
orchestral〔ɔrˋkɛstrəl〕*adj.* 管弦樂隊的
introduction〔ˏɪntrəˋdʌkʃən〕*n.* 前奏曲　　opera〔ˋɑpərə〕*n.* 歌劇
Burma〔ˋbɝmə〕*n.* 緬甸　　Sri Lanka〔ˏsriˋlɑŋkə〕*n.* 斯里蘭卡
folk〔fok〕*adj.* 民謠的　　***rely on*** 仰賴；依靠
indigenous〔ɪnˋdɪdʒənəs〕*adj.* 當地的；本土的

48. (**D**) 下列何者「沒有」被提到作為國歌作曲時的基本元素？
　　(A) 祈禱歌。　　　　　　　　(B) 行軍曲。
　　(C) 義大利歌劇樂。　　　　　(D) 電影主題曲。

basis〔ˋbesɪs〕*n.* 基礎；主要成分　　march〔mɑrtʃ〕*v.* 行軍
theme〔θim〕*n.* 主題

49. (**C**) 第二段主要是關於什麼？

  (A) 國歌的功能。   (B) 世界最古老的國歌。

  (C) 國歌的起源和普及。 (D) 爲何很多國家有國歌的理由。

  mainly〔ˋmenlɪ〕*adv.* 主要地

  function〔ˋfʌŋkʃən〕*n.* 功能

  origin〔ˋɔrədʒɪn〕*n.* 起源 spread〔sprɛd〕*n.* 流傳；普及

50. (**C**) 關於日本的國歌以下何者爲眞？

  (A) 一直到 20 世紀才編寫出來。

  (B) 歌詞是由一位日本軍官所寫。

  (C) 曲一開始是由一位英國的音樂家所作。

  (D) 目前的版本幾乎不受到西方音樂的影響。

  regarding〔rɪˋgɑrdɪŋ〕*prep.* 關於 century〔ˋsɛntʃərɪ〕*n.* 世紀

  current〔ˋkɝənt〕*adj.* 目前的 barely〔ˋbɛrlɪ〕*adv.* 幾乎不

51. (**B**) 關於歐洲帝國主義對國歌的影響，可以推論出什麼？

  (A) 人權是國歌常見的主題。

  (B) 有些國家的國歌有相似的音樂特徵。

  (C) 很多國家的國歌是由統治國所選。

  (D) 當地的傳統在編寫國歌時被排除。

  infer〔ɪnˋfɝ〕*v.* 推論 ***human rights*** 人權

  common〔ˋkɑmən〕*adj.* 常見的 similar〔ˋsɪmələ〕*adj.* 相似的

  feature〔ˋfitʃə〕*n.* 特徵 ruling〔ˋrulɪŋ〕*adj.* 統治的

  exclude〔ɪkˋsklud〕*v.* 排除

第貳部分：非選擇題

一、中譯英

1. 世界大學運動會（The Universiade）是一項國際體育與文化盛事，每兩年一次由不同城市舉辦。

  The Universiade is an international <u>athletic/sports</u> and cultural event, <u>held/hosted</u> by different cities <u>every two years/biennially</u>.

2. 在比賽中，來自全球大學的學生運動員建立友誼，並學習運動家精神的眞諦。

In the competition/sporting/athletic event, the student athletes from universities around/across/throughout/all over the world establish/build friendship and learn the true meaning/essence of sportsmanship.

二、英文作文：

【範例】

Comfort in Times of Loneliness

I guess I get lonely most during summer vacation, when many of my friends are traveling or busy with their extracurricular activities. I usually spend my summer vacation at home, reading or studying ahead for next semester. My life is pretty boring; I don't get out of the house as much as my friends during the summer, especially since the weather is so hot. Because my friends are busy, they don't have time to hang out with me, and I get lonely sometimes. I don't have any siblings and my parents work full-time, so it's just me alone at home.

However, music is something that gives me comfort and keeps me company when I'm feeling lonesome. Music excites my imagination and occupies my mind with something other than the fact that I'm lonely at the moment. Music just makes me feel good. *In fact*, the famous Jamaican reggae artist Bob Marley once said, "The good thing about music is when it hits, you feel no pain." I can spend hours listening to my favorite songs and getting lost in the beautiful melodies. *Moreover*, with music, I don't feel like I'm alone anymore; I can feel the presence of the composer and the performers.

寂寞時候的慰藉

我想我最寂寞的時候是暑假，這時候我很多的朋友正在旅行，或是忙於課外活動。我暑假通常在家，閱讀或是預習下學期的課業。我的生活很無聊；在夏天的時候，我不像我朋友一樣那麼常常出家門，特別是天氣這麼的熱。因為我的朋友們都很忙碌，他們沒有時候和我出門閒逛，而有時候我很寂寞。我沒有兄弟姊妹，而我的父母有全職的工作，所以只有我在家。

不過，在我感到寂寞的時候，音樂是給我慰藉，並陪伴我的事物。音樂激發我的想像力，並讓我專注在其他事情，我就不會一直想著我當下很寂寞這件事。音樂就是能讓我感到美好。事實上，一位知名的牙買加雷鬼音樂家，鮑勃・馬利曾說：「音樂美好的地方就是當它觸動到你的時候，你不會感覺到痛。」我可以花好幾個小時聽我最喜歡的音樂，並沈浸在美妙的旋律中而忘我。此外，有了音樂我不再覺得孤單；我可以感受到作曲者和演奏者的存在。

comfort〔ˋkʌmfət〕*n.* 安慰　　***in times of*** 在…的時候

loneliness〔ˋlonlɪnɪs〕*n.* 孤獨；寂寞　　***summer vacation*** 暑假

be busy with 忙於～　　extracurricular〔͵ɛkstrəkəˋrɪkjələ〕*adj.* 課外的

activity〔ækˋtɪvətɪ〕*n.* 活動　　ahead〔əˋhɛd〕*adv.* 向前；將來

semester〔səˋmɛstə〕*n.* 學期

especially〔əˋspɛʃəlɪ〕*adv.* 尤其；特別是　　***hang out*** 閒蕩；外出

siblings〔ˋsɪblɪŋz〕*n. pl.* 兄弟姊妹　　***full-time*** 全職地

keep *sb.* ***company*** 陪伴某人　　lonesome〔ˋlonsəm〕*adj.* 寂寞的

excite〔ɪkˋsaɪt〕*v.* 刺激；激發

imagination〔ɪ͵mædʒəˋneʃən〕*n.* 想像力

*　　　　　*　　　　　*

occupy〔ˋɑkjə͵paɪ〕*v.* 佔據；吸引

occupy *one's* ***mind*** 佔據某人的心；使某人全神貫注

other than 除了（= *except*）　　***in fact*** 事實上

famous〔ˋfeməs〕*adj.* 有名的

Jamaican〔dʒəˋmekən〕*adj.* 牙買加島的

reggae〔ˋrɛge〕*n.* 雷鬼樂【單數為又譯雷吉樂、瑞格樂、雷吉、雷鬼，是西印度群島的一種舞曲。雷鬼尤其是牙買加的多種舞曲的總稱】

artist〔ˋɑrtɪst〕*n.* 藝術家；藝人

Bob Marley 鮑勃・馬利【牙買加唱作歌手，雷鬼樂鼻祖。他將牙買加雷鬼樂帶往歐美流行音樂及搖滾樂的領域，成功將牙買加雷鬼傳入西方，對西方流行音樂產生巨大的影響，後世尊稱他為雷鬼樂之父】

hit〔hɪt〕*v.* 打擊；產生影響　　***get lost*** 迷失；沈浸忘我

melody〔ˋmɛlədɪ〕*n.* 旋律；歌曲　　moreover〔morˋovə〕*adv.* 此外

presense〔ˋprɛzn̩s〕*n.* 存在　　composer〔kəmˋpozə〕*n.* 作曲者

performer〔pəˋfɔrmə〕*n.* 表演者；演奏者

106年指定科目考試英文科出題來源

題　　號	出　　　　　　　　　　處
一、詞彙 第 1～10 題	今年所有的詞彙題，所有選項均出自「新版高中常用 7000 字」。
二、綜合測驗 第 11～20 題	11～15 題改寫自 BBC News "France passes bill banning 'excessively thin' models"（法國通過法案禁止「過瘦」模特兒）一文，敘述法國時尚業依法不可雇用過瘦的模特兒。 16～20 題改寫自 wiseGEEK "What are Enzymes?"（酵素是什麼），描述酵素的作用、反應，以及對人類的用處。
三、文意選填 第 21～30 題	改寫自 The 500-year-old Snack（五百年歷史的點心）一文，敘述皮蛋（the century egg）的歷史和製作方式。
四、篇章結構 第 31～35 題	改寫自 Planaria: A window on regeneration（渦蟲：一窺再生能力）一文，敘述科學家研究各種再生能力的動物。
五、閱讀測驗 第 36～39 題	改寫自 Zaha Hadid（薩哈‧哈蒂）一文，敘述於 2004 年成為首位獲得普立茲克建築獎的女性建築師。
第 40～43 題	改寫自 Book It: Bring a Mini Library to Your Front Yard（訂書：讓你的前院成為迷你圖書館）一文，敘述小型免費圖書館（Little Free Library）的發明和經歷。
第 44～47 題	改寫自 Words on Trial：Can linguists solve crimes that stump the police?（文字審判：語言學家可以解決難倒警方的罪犯嗎？）一文，敘述法醫語言學如何透過語言和法律的交錯比對找到犯人。
第 48～51 題	改寫自 Why Do All National Anthems Sound the Same?（為何國歌聽起來都一樣），敘述國歌的起源和各國國歌的歷史。

106年指定科目考試英文科試題修正意見

題　　號	修　　正　　意　　見
第 7 題	It would be interesting to look into *reasons* why he is chronically late. → It would be interesting to look into ***the reasons why*** *he is chronically late.* ＊有形容詞子句修飾 reasons，限定範圍，所以要加定冠詞 the。
第 31～35 題 第三段第 4 行	…in which *splitting of an animal* will result in…. → …in which ***the splitting*** *of an animal* will result in…. 或…in which ***splitting an animal*** will result in…. ＊有修飾語 of an animal，須加定冠詞 the，否則就要把 of 去掉，變成動名詞片語 splitting an animal。
第 44～47 題 第一段第 5 行	…had written the threatening e-mails and sprayed the graffiti, …. → …had written the threatening e-mails ***received by the family*** and sprayed the graffiti ***found on the walls of their house***, …. ＊因為有 the，後面的名詞必有修飾語來限定。
第二段 最後一行	*letter*—a lengthy….→ *letters*—a lengthy…. ＊依句意，應該不只一封信才對。
第三段第 1 行	After the *letter was* published, …. → After the *letters were* published, …. ＊依句意，應用複數形。
第三段第 4 行	…which were frequently found in the bomber's *letter*. → …which were frequently found in the bomber's *letters*. ＊依句意，應用複數 letters。
第 50 題	(B) The lyrics *was* written by a Japanese officer. → The lyrics ***were*** written by a Japanese officer. ＊lyrics〔ˋlɪrɪks〕*n. pl.* 歌詞，是複數名詞，應用複數動詞 were。

106 年英文科出題來源

【106 年指考】綜合測驗：11-15 出題來源：

——http://www.bbc.com/news/world-europe-35130792

France passes bill banning 'excessively thin' models

French MPs have adopted a bill aimed at banning the use of fashion models deemed to be "excessively thin". Models will need a doctor's certificate that their health is "compatible with the practise of the profession".

Employers who break the law could face up to six months in jail and a €75,000 fine (£54,000, $81,000).

A previous version of the bill had suggested a minimum Body Mass Index (BMI) for models, prompting protests from modelling agencies in France.

But the final draft approved on Thursday allows doctors to decide whether a model is too thin by taking into account their weight, age, and body shape.

It also says that digitally altered images making a model's silhouette "narrower or wider" should be labelled "touched up".

France is not the first country to legislate on underweight models- Italy, Spain and Israel have all done so.

Anorexia affects between 30,000 to 40,000 people in France, 90% of whom are women.

【106 年指考】綜合測驗：16-20 出題來源：

——http://www.wisegeek.org/what-are-enzymes.htm

What are Enzymes?

In biology, one of the factors that defines a living thing from an inanimate object is the organism's ability to carry out chemical reactions that are crucial for its survival. Even one-celled organisms are capable of hundreds of chemical reactions within their cell walls. Imagine the infinite amount of reactions that a large organism such as a human carries out. None of these reactions are possible without enzymes. Enzymes are biological *catalysts* or assistants. Enzymes consist of various types of proteins that work to drive the chemical reaction required for a specific action or nutrient. Enzymes can either launch a reaction or speed it up. The chemicals that are transformed with the help of enzymes are called *substrates*. In the absence of enzymes, these chemicals are called *reactants*. To illustrate the speed and efficiency of enzymes, substrates can be transformed to usable products at the rate of ten times per second. Considering that there are an estimated 75,000 different enzymes in the human body, these chemical reactions are performed at an amazing rate. On the other hand, in the absence of enzymes, reactants may take hundreds of years to convert into a usable product, if they are able to do so at all. This is why enzymes are crucial in the sustenance of life on earth.

Generally, enzymes work on substrates in one of three ways: substrate orientation, physical stress, and changes in substrate reactivity. Substrate orientation occurs when an enzyme causes substrate molecules to align with each other and form abond. When an enzyme uses physical stress on a substrate, it in effect grips the substrate and forces the molecule to break apart. An enzyme that causes changes in substrate reactivity alters the placement of the molecule's electrons, which influences the molecule's ability to bond with other molecules.
Enzymes have active sites where they come into contact with particular substrates. The catalytic properties of enzymes are a cyclic process. Once a substrate has come into contact with the active site of an enzyme, it is modified by the enzyme to form the end product. Once the process is complete, the enzyme releases the product and is ready to begin the process with new substrates. Enzymes are never wasted and always recycled.

⋮

【106 年指考】文意選填：21-30 出題來源：

　　　　——http://www.bbc.com/travel/story/20151208-the-rotten-egg-people-love-to-eat

The 500-year-old Snack

Hundreds of years ago, a savoury idea – called the century egg – was hatched in rural China. As the story goes, a farmer found naturally preserved duck eggs in a muddy pool of water and slaked lime (a type of calcium hydroxide). After surviving a tasting, he set out to replicate them manually, resulting in a delicacy that would endure for centuries as a comfort food in Hong Kong, China and parts of Southeast Asia.

Though details of the century egg's discovery are undocumented, scientists estimate that it dates back more than 500 years to the Ming Dynasty. And aside from some techniques used for large-scale production today, the egg preservation process has remained relatively unchanged.

To make the eggs, a vat is typically filled with a combination of strong black tea, lime, salt and freshly burned wood ashes, and is left to cool overnight. The next day, duck, quail or chicken eggs are added to the mixture, and they soak anywhere from seven weeks to five months – not for a century as the name implies.

⋮

【106 年指考】篇章結構：31-35 出題來源：

　　　　——https://www.exploratorium.edu/imaging_station/research/planaria/story_planaria1.php

Planaria: A window on regeneration

We humans prefer to avoid getting our limbs cut off. Once your arm is gone, that's it. But life's different for a salamander. Lose a leg? Grow a new one. The same thing happens for starfish, lobsters, and a surprising number of other animals. Snails can even regrow their heads—imagine what the world would be like if humans could do *that*.

But we can't. Nor can we grow new limbs or even fingers. That's why some scientists are studying animals that can regrow body parts, that is, regenerate. Regeneration is fueled by *stem cells*, cells with the ability to become other types of cells. Scientists hope that learning more about stem cells in other organisms will help us make regeneration possible in humans.

Regeneration in nature

Humans aren't completely without regenerative talents. We heal from wounds and surgeries and we're always creating new skin, new blood, and new linings for our stomachs, intestines and lungs. To a certain extent, our livers can even regenerate after they've been damaged. Amazingly, liver donors can offer up half of their organ and regrow the removed portion. (People have known about these qualities since ancient times. The myth of the Greek god Prometheus says that his liver regenerated every day after eagles ate it as part of a punishment by Zeus.)

Many different kinds of animals show some form of regeneration, though most of them are limited to the sort a lizard is capable of, like regrowing a lost tail. A cockroach can regrow a new limb, for example, but the limb itself (thankfully) can't generate a new cockroach. Scientists call this *unidirectional regeneration*. A few animals with relatively simple body plans, however—hydras, sea stars, and anemones among them—demonstrate *bidirectional regeneration*; in other words, they can go both ways. Cut a hydra in half, and you'll get two hydra. Cut it into four pieces, and you'll get four. But few animals can equal the regenerative magic of the common, pond-dwelling planarian.

:

【106 年指考】閱讀測驗：36-39 出題來源：

　　　　　　　　　　——http://www.encyclopedia.com/people/literat
　　　　　　　　　　ure-and-arts/architecture-biographies/zaha-hadid

Zaha Hadid

The designs of Iraqi-born British architect Zaha Hadid (born 1950) are daring and visionary experiments with space and with the relationships of buildings to their urban surroundings.

Often named as the most prominent contemporary female architect, or singled out for notice because of her Iraqi Arab background, Hadid is significant beyond these accidents of birth for her intellectual toughness, her refusal to compromise on her ideas even when very few of them were being realized in concrete and steel. For many years, her designs filled the pages of architecture periodicals but were dismissed as impractical or as too radical, and Hadid even thought about giving up architecture after she suffered a major rejection in her adopted homeland of Britain in 1995. Her star began to rise internationally when her design for Cincinnati, Ohio's new Center for Contemporary Art was selected and built, earning worldwide acclaim. By the mid-2000s Hadid employed nearly 150 people in her London office and was working hard to keep up with new commissions that were coming in, offering her a chance to help reshape the world architectural landscape.

　Toured Sumerian Ruins

Born in Baghdad, Iraq, on October 31, 1950, Zaha M. Hadid grew up in a well-educated Islamic family oriented toward Western multiculturalism. Her father was an executive and, for a time, the leader of a liberal Iraqi political party. The drawing ability that would later attract attention in art museums was first absorbed from her mother. Hadid's interest in architecture had roots in a trip her family took to the ancient Sumer region in southern Iraq, the site of one of the world's oldest civilizations, when she was a teenager. "My father took us to see the Sumerian cities," she told

Jonathan Glancey of London's Guardian newspaper. "Then we went by boat, and then on a smaller one made of reeds, to visit villages in the marshes. The beauty of the landscape—where sand, water, reeds, birds, buildings, and people all somehow flowed together—has never left me. I'm trying to discover—invent, I suppose—an architecture, and forms of urban planning, that do something of the same thing in a contemporary way."

⋮

【105 年指考】閱讀測驗：40-43 出題來源：

——https://www.houzz.com/ideabooks/8726158/list/book-it-bring-a-mini-library-to-your-front-yard

Book It: Bring a Mini Library to Your Front Yard

Take a book, leave a book. An ingenious lending-library idea is sweeping the nation — see if it's right for your neighborhood

Todd Bol has a background in international business development. More specifically: He used to help developing countries institute social change. He'd always been known to think big and globally. But this man of social generosity couldn't have expected that, while messing around and building things on his deck one day, a dollhouse-size structure he turned into a free community library would have the global impact it does today. Bol's prototype spawned Little Free Library, a nonprofit that seeks to place small, accessible book exchange boxes in neighborhoods around the world. Users can purchase the boxes directly from LFL's website, download plans to build their own or completely wing it.

The concept is simple: A house-shaped box in a neighborhood holds a few dozen books. Neighbors are invited to share a book, leave a book or both. The LFL almost always uses recycled materials for the custom libraries it sells online, for an average cost of $250 to $500, but it also offers plans for making your own.

⋮

【106 年指考】閱讀測驗：44-47 出題來源：

——http://www.newyorker.com/magazine/2012/07/23/words-on-trial

Words on Trial
Can linguists solve crimes that stump the police?

In the early weeks of 2009, Chris Cole man began telling friends and associates in Columbia, Illinois, that he was worried about the safety of his family. He had been receiving death threats from an online stalker, and the e-mails had begun to mention his wife, Sheri, and his sons, Garret and Gavin, who were nine and eleven. Coleman asked his neighbor across the street, a police officer, to train a security camera on the front of his house. Coleman understood surveillance better than most. He worked as the security chief for Joyce Meyer, whose cable television program, "Enjoying Everyday Life," is at the center of an evangelical empire estimated to be worth more than a hundred million dollars a year; it includes a radio program, self-help and children's books, CDs, podcasts, overseas missions, and motivational conventions. Initially, the threats focussed on Meyer, warning that if she didn't quit preaching she'd pay the price, but the stalker soon turned his wrath on Coleman and his family. One note to Sheri read "Fuck you! Deny your God publicly or else!" Another read "Time is running out for you and your family."

On May 5th, Coleman left his home early to work out at the gym. Afterward, when he called his wife and got no answer, he asked his neighbor the policeman to check on her. The officer found a horrifying scene. Red graffiti—"Fuck you" and "U have paid!"—was scrawled on the walls and on the sheets of the beds in which Sheri, Gavin, and Garret lay strangled to death. A back window was open, suggesting that someone had entered the house out of view of the camera.

The police quickly came to suspect Coleman himself. A long trail of text messages on his phone made it clear that he was having an affair with a cocktail waitress. And if Coleman had left Sheri he would have risked losing his salary of a hundred thousand dollars a year. Meyer maintained a strict no-divorce policy among her employees, in keeping with her understanding of Scripture. In February, Sheri had told a friend that she was afraid of her husband and "said that if anything happened to her, Chris did it," the friend testified.

⋮

【105 年指考】閱讀測驗：48-51 出題來源：

——http://www.slate.com/articles/news_and_politics/explainer/2010/02/why
_do_all_national_anthems_sound_the_same.html

Why Do All National Anthems Sound the Same?

An Explainer reader once asked, "Is it just me, or do all national anthems the world over, no matter how rich and exotic the culture, seem to sound like European marching-band music? Wouldn't one expect China's national anthem [to] be more 'plinky'? Shouldn't Iraq's national anthem sound a little more 'arab-y'?" Upon initial receipt of this question—in 2008— *Slate* editors relegated it to that year's list of unanswered (or unanswerable) questions. After a week of watching Olympic medal ceremonies, however, the Explainer was also struck by certain broad-brush similarities. Reader, it's not just you wondering—why *do* the anthems sound so much alike?

Colonialism. National anthems originated in Europe, and then spread around the world. Holland's 16th-century hymn "Het Wilhelmus" is widely considered the world's oldest, followed by the U.K.'s "God Save the King/Queen"—also a hymn, popularized during the Jacobite uprising of the 1740s. As nationalism spread throughout Europe in the 18th and 19th centuries, so did anthems. Many countries, such as the independent states that are today part of Germany, took "God Save the King/Queen" as a model and adopted hymns (songs of prayer typically addressed to a deity or VIP). Others, notably Spain and France, chose marches (songs with a strong, regular rhythm often performed by military bands)—which expressed a martial rather than monarchic spirit. With imperialism, Europeans spread their musical taste. Even when former colonies gained independence, they often imitated the traditions of their former rulers. In some cases Europeans actually composed the melodies. The result is that, as British composer Michael Jamieson Bristow remarks on his Web site national-anthems.org, most anthems are either hymns or marches, played on European instruments.

Japan's anthem makes for a good case study of European influence. In the 1860s a British bandmaster living in Japan, John William Fenton, noted that the country did not have a national anthem. A local military officer, Ōyama Iwao, selected the lyrics from a Heian era poem and Fenton wrote the melody. About a decade later, a Japanese committee chose a replacement melody by a court musician—one that had been composed for traditional Japanese instruments, but in a mixed style influenced by Fenton's arrangement. The version in use today was also altered to fit a Western scale, by German Franz Eckert.

In addition to hymns and marches, Bristow identifies a couple of more minor categories. National anthems in South and Central America are often operatic, with long, elaborate orchestral introductions. These were influenced by 19th-century Italian opera. Burma and Sri Lanka are both in a folk group, as they rely more on indigenous instruments.

106年大學入學指定科目考試試題
數學甲

第壹部分：選擇題（單選題、多選題及選填題共占 76 分）

一、單選題（占 24 分）

說明：第 1 題至第 4 題，每題有 5 個選項，其中只有一個是正確或最適
當的選項，請畫記在答案卡之「選擇（填）題答案區」。各題答
對者，得 6 分；答錯、未作答或畫記多於一個選項者，該題以零
分計算。

1. 從所有二位正整數中隨機選取一個數，設 p 是其十位數字小於個位
數字的機率。關於 p 值的範圍，試選出正確的選項。

   (1) $0.22 \le p < 0.33$ (2) $0.33 \le p < 0.44$ (3) $0.44 \le p < 0.55$

   (4) $0.55 \le p < 0.66$ (5) $0.66 \le p < 0.77$

2. 設 $a = \sqrt[3]{10}$。關於 a^5 的範圍，試選出正確的選項。

   (1) $25 \le a^5 < 30$ (2) $30 \le a^5 < 3$ (3) $35 \le a^5 < 40$

   (4) $40 \le a^5 < 45$ (5) $45 \le a^5 < 50$

3. 試問在 $0 \le x \le 2\pi$ 的範圍中，$y = 3\sin x$ 的函數圖形與 $y = 2\sin 2x$ 的
函數圖形有幾個交點？

   (1) 2 個交點   (2) 3 個交點   (3) 4 個交點

   (4) 5 個交點   (5) 6 個交點

4. 已知一實係數三次多項式 $f(x)$ 在 $x = 1$ 有極大值 3，且圖形 $y = f(x)$ 在 $(4, f(4))$ 之切線方程式爲 $y - f(4) + 5(x - 4) = 0$，試問 $\int_1^4 f''(x)dx$ 之值爲下列哪一選項？

(1) -5　　　(2) -3　　　(3) 0　　　(4) 3　　　(5) 5

二、多選題（占 24 分）

說明：第 5 題至第 7 題，每題有 5 個選項，其中至少有一個是正確的選項，請將正確選項畫記在答案卡之「選擇（塡）題答案區」。各題之選項獨立判定，所有選項均答對者，得 8 分；答錯 1 個選項者，得 4.8 分；答錯 2 個選項者，得 1.6 分；答錯多於 2 個選項或所有選項均未作答者，該題以零分計算。

5. 設 $\vec{u}$ 與 $\vec{v}$ 爲兩非零向量，夾角爲 $120°$。若 $\vec{u}$ 與 $\vec{u} + \vec{v}$ 垂直，試選出正確的選項。

(1) $\vec{u}$ 的長度是 $\vec{v}$ 的長度的 2 倍　　(2) $\vec{v}$ 與 $\vec{u} + \vec{v}$ 的夾角爲 $30°$

(3) $\vec{u}$ 與 $\vec{u} - \vec{v}$ 的夾角爲銳角　　(4) $\vec{v}$ 與 $\vec{u} - \vec{v}$ 的夾角爲銳角

(5) $\vec{u} + \vec{v}$ 的長度大於 $\vec{u} - \vec{v}$ 的長度

6. 已知複數 z 滿足 $z^n + z^{-n} + 2 = 0$，其中 n 爲正整數。將 z 用極式表示爲 $r(\cos\theta + i\sin\theta)$，且 $r > 0$。試選出正確的選項。

(1) $r = 1$　　　　　　　　　　(2) n 不能是偶數

(3) 對給定的 n，恰有 $2n$ 個不同的複數 z 滿足題設

(4) θ 可能是 $\dfrac{3\pi}{7}$　　　　　　(5) θ 可能是 $\dfrac{4\pi}{7}$

7. 設實係數三次多項式 $f(x)$ 的首項係數為正。已知 $y = f(x)$ 的圖形和直線 $y = g(x)$ 在 $x = 1$ 相切,且兩圖形只有一個交點。試選出正確的選項。

(1) $f(1) = g(1)$ (2) $f'(1) = g'(1)$ (3) $f''(1) = 0$

(4) 存在實數 $a \neq 1$ 使得 $f'(a) = g'(a)$

(5) 存在實數 $a \neq 1$ 使得 $f''(a) = g''(a)$

三、選填題(占 28 分)

說明: 1. 第 A 與 D 題,將答案畫記在答案卡之「選擇(填)題答案區」所標示的列號(8－18)。

      2. 每題完全答對給 7 分,答錯不倒扣,未完全答對不給分。

A. 某高中一年級有忠、孝、仁、愛四班的籃球隊,擬由經抽籤決定的下列賽程進行單淘汰賽(輸一場即被淘汰)

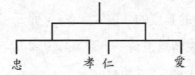

假設忠班勝過其他任何一班的機率為 $\dfrac{4}{5}$,孝班勝過其他任何一班的機率為 $\dfrac{1}{5}$,仁、愛兩班的實力相當,勝負機率各為 $\dfrac{1}{2}$。若任一場比賽皆須分出勝負,沒有和局。如果冠軍隊可獲得 6000 元獎學金,亞軍隊可獲得 4000 元獎學金,則孝班可獲得獎學金的期望值為 ⑧⑨⑩ 元。

B. 坐標平面上有三條直線 L、L_1、L_2，其中 L 爲水平線，L_1、L_2 的斜率分別爲 $\dfrac{3}{4}$、$-\dfrac{4}{3}$。已知 L 被 L_1、L_2 所截出的線段長爲 30，則 L、L_1、L_2 所決定的三角形的面積爲 ⑪⑫⑬ 。

C. 坐標平面上，x 坐標與 y 坐標均爲整數的點稱爲格子點。令 n 爲正整數，T_n 爲平面上以直線 $y = \dfrac{-1}{2n}x + 3$，以及 x 軸、y 軸所圍成的三角形區域（包含邊界），而 a_n 爲 T_n 上的格子點數目，則 $\displaystyle\lim_{n\to\infty}\dfrac{a_n}{n} =$ ⑮⑯ 。

D. 坐標空間中，平面 $ax + by + cz = 0$ 與平面 $x = 0$、$x + \sqrt{3}\,y = 0$ 的夾角（介於 $0°$ 到 $90°$ 之間）都是 $60°$，且 $a^2 + b^2 + c^2 = 12$，則 (a^2, b^2, c^2) $= ($ ⑯ $,$ ⑰ $,$ ⑱ $)$。

- - - - - - - - 以下第貳部分的非選擇題，必須作答於答案卷 - - - - - - - -

第貳部分：非選擇題（占 24 分）

說明：本部分共有二大題，答案必須寫在「答案卷」上，並於題號欄標明大題號（一、二）與子題號（(1)、(2)、……），同時必須寫出演算過程或理由，否則將予扣分甚至零分。作答務必使用筆尖較粗之黑色墨水的筆書寫，且不得使用鉛筆。每一子題配分標於題末。

一、 在坐標平面上，考慮二階方陣 $A = \dfrac{1}{5}\begin{bmatrix} 4 & -3 \\ 3 & 4 \end{bmatrix}$ 所定義的線性變換。

對於平面上異於原點 O 的點 P_1，設 P_1 經 A 變換成 P_2，P_2 經 A 變換成 P_3。令 $a = \overline{OP_1}$。

(1) 試求 $\sin(\angle P_1 O P_3)$。（4 分）

(2) 試以 a 表示 $\triangle P_1 P_2 P_3$ 的面積。（4 分）

(3) 假設 P_1 是圖形 $y = \dfrac{1}{10}x^2 - 10$ 上的動點，試求 $\triangle P_1 P_2 P_3$ 面積的最小可能值。（4 分）

二、 坐標空間中，$O(0,0,0)$ 為原點。平面 $z = h$（其中 $0 \le h \le 1$）上有一以 $(0,0,h)$ 為圓心的圓，在此圓上依逆時鐘順序取 8 點構成正八邊形 $P_0 P_1 P_2 P_3 P_4 P_5 P_6 P_7$，使得各線段 $\overline{OP_j}\,(0 \le j \le 7)$ 的長度都是 1。請參見示意圖。

(1) 試以 h 表示向量內積 $\overrightarrow{OP_0} \cdot \overrightarrow{OP_4}$。（4 分）

(2) 若 $V(h)$ 為以 O 為頂點、正八邊形 $P_0 P_1 P_2 P_3 P_4 P_5 P_6 P_7$ 為底的正八角錐體積，試將 $V(h)$ 表為 h 的函數（註：角錐體積 $= \dfrac{1}{3}$ 底面積 × 高）。（2 分）

(3) 在 $\overrightarrow{OP_0}$ 和 $\overrightarrow{OP_4}$ 夾角不超過 90° 的條件下，試問正八角錐體積 $V(h)$ 的最大值為何？（6 分）

106年度指定科目考試數學(甲)試題詳解

第壹部分：選擇題

一、單選題

1. 【答案】 (2)

　　【解析】

$$p = \frac{C_2^9}{90} = 0.4$$

（右上箭頭）1~9 取 2 個（不可取 0）

（右下箭頭）10~99

2. 【答案】 (5)

　　【解析】 $a = 10^{\frac{1}{3}} \rightarrow a^5 = 10^{\frac{5}{3}}$　又 $\log a^5 = \log 10^{\frac{5}{3}} = \frac{5}{3} = 1.\overline{6}$

　　　　　　$\log 45 \doteqdot 1.6532$

　　　　　　$\log 50 \doteqdot 1.6990$

　　　　　　$\therefore 45 \le a^5 < 50$

3. 【答案】 (4)

　　【解析】 $\begin{cases} y = 3\sin x \\ y = 2\sin 2x \end{cases} \rightarrow 3\sin x = 4\sin x \cos x$

　　　　　　$\rightarrow \sin x (3 - 4\cos x) = 0 \rightarrow \sin x = 0 \text{ or } \cos x = \frac{3}{4}$

　　　　　　又 $0 \le x \le 2\pi$

$$\left. \begin{array}{l} \therefore \sin x = 0 \quad 有 3 解 \\[2mm] \cos x = \dfrac{3}{4} \quad 有 2 解 \end{array} \right\rangle 共 5 解$$

4. 【答案】(1)

【解析】 $f(x)$ 在 $x = 1$ 有極值 $\rightarrow f'(1) = 0$

又 $f(x)$ 在 $x = 4$ 的切線斜率 $= f'(4) = -5$

$\therefore$ 所求 $= f'(x) + c\big|_1^4 = f'(4) - f'(1) = -5$

二、多選題

5. 【答案】(2) (3)

【解析】 $\vec{u} \cdot (\vec{u} + \vec{v}) = 0$

$\rightarrow |\vec{u}|^2 + |\vec{u}||\vec{v}|\underline{\underline{\cos 120°}} = 0$

$\rightarrow |\vec{u}| - \dfrac{1}{2}|\vec{v}| = 0 \qquad (-\dfrac{1}{2})$

$\rightarrow |\vec{v}| = 2|\vec{u}|$

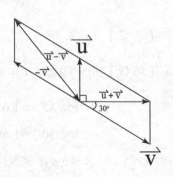

6. 【答案】(1) (4)

【解析】 (1) $z^n = r^n (\cos n\theta + i \sin n\theta)$

$z^{-n} = r^{-n} (\cos n\theta - i \sin n\theta)$ $\qquad n \in N$

又 $z^n + z^{-n} + 2 \rightarrow$ 可知：$r^n \sin n\theta = r^{-n} \sin n\theta \rightarrow r = 1$

(2) $2\cos n\theta = -2$

$= 2[\cos(180° + 2k\pi) + i\sin(180° + 2k\pi)]$

$\rightarrow n\theta = 180° + 2k\pi \rightarrow \theta = \dfrac{\pi + 2k\pi}{n}$,

$k \in z$，$\therefore$ n 可為偶數

(3) 恰有 n 個不同的複數 z

(4) 若 $\dfrac{1+2k}{n} = \dfrac{3}{7}$ $\rightarrow k = 1$，$n = 7$

(5) 若 $\dfrac{1+2k}{n} = \dfrac{4}{7}$ $\rightarrow i4k = 4n - 7$ $\therefore$ 不可能成立

偶 $\neq$ 奇

7. 【答案】(1) (2) (3)

　　【解析】$f(x) - g(x) = k(x-1)^3$，$k > 0$

　　　　　$\rightarrow f(1) - g(1) = 0$ $\rightarrow f(1) = g(1)$

　　　　　$\therefore$ $f'(x) - g'(x) = 3k(x-1)^2$

　　　　　且 $f''(x) - g''(x) = 6k(x-1)$

　　　　　$\rightarrow f'(1) - g'(1) = 0$ $\rightarrow f'(1) = g'(1)$

　　　　　又 $f''(1) - g''(1) = 0$ $\rightarrow f''(1) = g''(1)$

　　　　　$\therefore$ 可推，不存在 $a \neq 1$

　　　　　　使得：$f'(a) = g'(a)$

　　　　　　　　　$f''(a) = g''(a)$

三、選填題

A. 【答案】880

　　【解析】P（孝班得冠軍）$= \dfrac{1}{5} \times \dfrac{1}{5} = \dfrac{1}{25}$

　　　　　P（孝班得亞軍）$= \dfrac{1}{5} \times \dfrac{4}{5} = \dfrac{4}{25}$

$$\therefore E(x) = 6000 \times \frac{1}{25} + 4000 \times \frac{4}{25} = 880$$

B. 【答案】 216

【解析】 $\because \dfrac{3}{4} \times (-\dfrac{4}{3}) = -1$

$\therefore L_1 \perp L_2$

又 $\dfrac{b}{a} = \dfrac{3}{4} = \dfrac{c}{b} = \dfrac{30-a}{b}$

解：$b = \dfrac{72}{5}$ $\therefore \Delta = 30 \times \dfrac{72}{5} \times \dfrac{1}{2} = 216$

C. 【答案】 12

【解析】 $y = \dfrac{-1}{2n}x + 3$

x	$6n$	0
y	0	3

$\therefore a_n = 4 + 3 \times 2n + 2 \times 2n + 1 \times 2n = 12n + 4$

$\therefore \lim\limits_{n \to \infty} \dfrac{a_n}{n} = \lim\limits_{n \to \infty} \dfrac{12n+4}{n} = 12$

D. 【答案】 (3,1,8)

【解析】 $\left| \dfrac{(a,b,c) \cdot (1,0,0)}{\sqrt{a^2 + b^2 + c^2} \times 1} \right| = \cos 60°$

$\rightarrow a = \pm\sqrt{3} \rightarrow a^2 = 3$，則 $b^2 + c^2 = 9$

又 $\left|\dfrac{(a,b,c)\cdot(1,\sqrt{3},0)}{\sqrt{a^2+b^2+c^2}\times\sqrt{1^2+(\sqrt{3})^2}}\right| = \cos 60°$

$\rightarrow |a+\sqrt{3}b| = 2\sqrt{3} \rightarrow b = \pm 1 \quad \therefore b^2 = 1 \text{，} c^2 = 8$

$\therefore (a^2,b^2,c^2) = (3,1,8)$

第貳部分：非選擇題

一、【答案】(1) $\dfrac{24}{25}$

(2) $\dfrac{3a^2}{25}$

(3) 9

【解析】 $A = \begin{bmatrix} \cos\theta & -\sin\theta \\ \sin\theta & \cos\theta \end{bmatrix} \rightarrow \begin{cases} \cos\theta = \dfrac{4}{5} \\ \sin\theta = \dfrac{3}{5} \end{cases}$

(1) $\sin(\angle P_1 O P_3) = \sin 2\theta = 2\sin\theta\cos\theta = \dfrac{24}{25}$

(2) $\Delta P_1 P_2 P_3 = \Delta O P_1 P_2 + \Delta O P_2 P_3 - \Delta O P_1 P_3$

$= \dfrac{1}{2}a^2(2\sin\theta - \sin 2\theta) = \dfrac{3a^2}{25}$

(3) $a^2 = \overline{OP_1}^2 = x^2 + (\dfrac{1}{10}x^2 - 10)^2$

$= \dfrac{1}{100}x^4 - x^2 + 100 = \dfrac{1}{100}(x^2 - 50)^2 + 75$

if $x = \pm 5\sqrt{2}$，a^2 有 min $= 75$

$\therefore \Delta P_1 P_2 P_3 = \dfrac{3\times 75}{25} = 9$

二、【答案】 (1) $2h^2 - 1$

(2) $\dfrac{2\sqrt{2}}{3}(-h^3 + h)$

(3) $\dfrac{1}{3}$

【解析】 設圓心 $H(0,0,h)$

則 $\angle P_iOH = \theta \to \cos\theta = h$，$\sin\theta = \sqrt{1-h^2}$

(1) $\overrightarrow{OP_0} \cdot \overrightarrow{OP_4} = |\overrightarrow{OP_0}| \times |\overrightarrow{OP_4}| \times \cos 2\theta = 2h^2 - 1$

(2) $V(h) = \left[8 \times \dfrac{1}{2} \times (1-h^2) \times \dfrac{\sqrt{2}}{2} \right] \times h \times \dfrac{1}{3}$

$= \dfrac{2\sqrt{2}}{3}(-h^3 + h)$

(3) $\because 0 \le \cos 2\theta = 2h^2 - 1 < 1$

$\to \dfrac{1}{\sqrt{2}} \le h < 1$

又 $V'(h) = \dfrac{2\sqrt{2}}{3}(-3h^2 + h)$

if $h = \dfrac{1}{\sqrt{2}}$ 時，$V(h)$ 有 Max $= \dfrac{1}{3}$

106 年大學入學指定科目考試試題
數學乙

第壹部分：選擇題（單選題、多選題及選填題共占 74 分）

一、單選題（占 18 分）

說明：第 1 題至第 3 題，每題有 5 個選項，其中只有一個是正確或最適當的選項，請畫記在答案卡之「選擇（填）題答案區」。各題答對者，得 6 分；答錯、未作答或畫記多於一個選項者，該題以零分計算。

1. 設 $f(x) = x^3 + ax^2 + bx + c$ 為實係數多項式函數。若 $f(1) = f(2) = 0$ 且 $f(3) = 4$，則 $a + 2b + c$ 的值是下列哪一個選項？

   (1) 1　　　　(2) 2　　　　(3) 3　　　　(4) 4　　　　(5) 5

2. 下列哪一個選項的值最大？

   (1) $\log_2 3$　　　　　(2) $\log_4 6$　　　　　(3) $\log_8 12$

   (4) $\log_{16} 24$　　　　(5) $\log_{32} 48$

3. 有一個不公正的骰子，投擲一次出現 1 點的機率與出現 3 點的機率之和是 0.2，出現 2 點的機率與出現 4 點的機率之和是 0.4，出現 5 點的機率與出現 6 點的機率之和是 0.4。試選出正確的選項。

   (1) 出現 1 點的機率是 0.1

   (2) 出現 4 點的機率大於出現 3 點的機率

   (3) 出現偶數點的機率是 0.5

   (4) 出現奇數點的機率小於 0.5

   (5) 投擲點數的期望值至少是 3

二、多選題（占 32 分）

說明：第 4 題至第 7 題，每題有 5 個選項，其中至少有一個是正確的選項，請將正確選項畫記在答案卡之「選擇（填）題答案區」。各題之選項獨立判定，所有選項均答對者，得 8 分；答錯 1 個選項者，得 4.8 分；答錯 2 個選項者，得 1.6 分；答錯多於 2 個選項或所有選項均未作答者，該題以零分計算。

4. 考慮實數 a, b, c，其中 $a \neq 0$。令 Γ 為 $y = ax^2 + bx + c$ 的圖形。試選出正確的選項。

   (1) 若 $a > 0$，則 Γ 會通過第一象限

   (2) 若 $a < 0$，則 Γ 會通過第一象限

   (3) 若 $b^2 - 4ac > 0$，則 Γ 會通過第一象限

   (4) 若 $c > 0$，則 Γ 會通過第一象限

   (5) 若 $c < 0$，則 Γ 會通過第一象限

5. 設 $a_1, a_2, \cdots, a_n, \cdots$ 是一公比為 $\dfrac{1}{2}$ 的無窮等比數列且 $a_1 = 1$。試問以下哪些數列會收斂？

   (1) $-a_1, -a_2, \cdots, -a_n, \cdots$

   (2) $a_1^2, a_2^2, \cdots, a_n^2, \cdots$

   (3) $\sqrt{a_1}, \sqrt{a_2}, \cdots, \sqrt{a_n}, \cdots$

   (4) $\dfrac{1}{a_1}, \dfrac{2}{a_2}, \cdots, \dfrac{1}{a_n}, \cdots$

   (5) $\log a_1, \log a_2, \cdots, \log a_n, \cdots$

6　坐標平面上，Γ_1 為 $y = \log_2 x$ 的圖形，Γ_2 為 $y = \log_{\frac{1}{2}} x$ 的圖形。

下列關於 Γ_1 與 Γ_2 的敘述，試選出正確的選項。

(1)　Γ_1 的圖形凹口向下

(2)　Γ_2 的圖形凹口向下

(3)　Γ_1 的圖形均在 x 軸的上方

(4)　Γ_2 的圖形均在 y 軸的右方

(5)　Γ_1 與 Γ_2 恰交於一點

7.　小明參加某次國文、英文、數學、自然、社會五個科目的測驗，每一科的分數均為 0～100 分。已知小明國英數三科的分數分別為 75, 80, 85 分。試問下列哪些選項會讓小明五科成績的平均不低於 80 分且五科標準差不大於 5 分？

（註：標準差 $\sigma = \sqrt{\dfrac{1}{n}\sum_{i=1}^{n}(x_1 - \mu)^2}$ ，其中 μ 為平均數。）

(1)　自然 75 分，社會 80 分

(2)　自然與社會兩科皆 80 分

(3)　自然與社會的平均 85 分

(4)　自然與社會兩科之和不低於 160 分且兩科差距不超過 10 分

(5)　自然與社會兩科的分數都介於 80 與 82 分之間

三、選填題（占 24 分）

說明：第 A 至 C 題為選填區，將答案畫記在答案卡之「選擇（填）題答案區」所標示的列號（8–14）。每題完全答對給 8 分，答錯不倒扣，未完全答對不給分。

A. 平面向量 $\vec{u}$ 和向量 $\vec{v}$ 互相垂直，且 $\vec{u} - \vec{v} = (4,-7)$。若 $\vec{u}$ 的長度

   為 6，則 $\vec{v}$ 的長度為 $\sqrt{\underline{\quad ⑧⑨ \quad}}$。

B. 不等式 $x + y \le 47$ 的所有非負整數解中，滿足 $x \ge y$ 的解共有

   $\underline{\quad ⑩⑪⑫ \quad}$ 組。

C. 坐標平面上，有兩點 $A(4,-1)$ 與 $B(-2,2)$。已知點 $C(x,y)$ 滿足聯立

   不等式 $x + 2y \ge 2$、$x - y \ge -4$、$y \le 8$ 以及 $3x + y \le 23$，則當 C

   點坐標為（ $\underline{\quad ⑬ \quad}$, $\underline{\quad ⑭ \quad}$ ）時，$\triangle ABC$ 有最大的面積。

- - - - - - - - 以下第貳部分的非選擇題，必須作答於答案卷 - - - - - - - -

第貳部分：非選擇題（占 26 分）

說明：　本部分共有二大題，答案必須寫在「答案卷」上，並於題號
　　　　欄標明大題號（一、二）與子題號（(1)、(2)），同時必須寫
　　　　出演算過程或理由，否則將予扣分甚至零分。作答務必使用
　　　　筆尖較粗之黑色墨水的筆書寫，且不得使用鉛筆。每一子題
　　　　配分標於題末。

一、　某縣縣政府每週五對全縣居民發放甲、乙兩種彩券，每位居民
　　　均可憑身分證免費選擇領取甲券一張或乙券一張。根據長期統
　　　計，上週選擇甲券的民眾會有 85% 在本週維持選擇甲券、15%
　　　改選乙券；而選擇乙券的民眾會有 35% 在本週改選甲券、65%
　　　維持乙券。所謂穩定狀態，係指領取甲券及乙券的民眾比例在
　　　每週均保持不變。

　　　(1) 試寫出描述上述現象的轉移矩陣。(5 分)

　　　(2) 試問領取甲券和乙券民眾各占全縣居民百分比多少時，會
　　　　　形成穩定狀態？（8 分）

二、　袋中有紅色代幣 4 枚、綠色代幣 9 枚、以及藍色代幣若干枚。
　　　每一枚紅色、綠色、藍色代幣分別可兌換 50 元、20 元及 10 元。
　　　現從袋中取出代幣，每一枚代幣被取出的機率均等。設隨機變
　　　數 X 代表取出 1 枚代幣可兌換的金額（單位：元）；隨機變數 Y
　　　代表一次取出 2 枚代幣可兌換的金額（單位：元）。已知 X 的期
　　　望值為 20。

　　　(1) 試問藍色 代幣有多少枚？（5 分）

　　　(2) 試問 $Y \le 50$ 的機率 $P(Y \le 50)$ 為何？（8 分）

106年度指定科目考試數學(乙)試題詳解

第壹部分：選擇題

一、單選擇

1. 【答案】 (4)

   【解析】 設 $f(x) = (x-1)(x-2)(x+m)$

   又 $f(3) = 4 \Rightarrow m = -1$

   $\therefore f(x) = (x-1)^2(x-2) = x^3 \underline{-4x^2} \underline{+5x} \underline{-2}$
   $$\qquad\qquad\qquad\qquad\qquad\quad \parallel \qquad \parallel \qquad \parallel$$
   $$\qquad\qquad\qquad\qquad\qquad\quad a \qquad b \qquad c$$

   $\therefore a + 2b + c = 4$

2. 【答案】 (1)

   【解析】 $\because \log_2 3 = \log_4 9 = \log_8 27 = \log_{16} 81 = \log_{32} 243$

   $\because$ 可知 $\log_2 3$ 最大

3. 【答案】 (5)

   【解析】 (1) (2) (3) (4) 皆無法做此推論

   (5) $E(x) = 1 \cdot p + 3(0.2 - p) + 2 \cdot q + 4(0.4 - q) + 5 \cdot r$

   $\qquad\qquad + 6(0.4 - r) = 4.6 \underline{-2p - 2q - r}$

   又 $\begin{cases} 0 \le p \le 0.2 \\ 0 \le q \le 0.4 \\ 0 \le r \le 0.4 \end{cases} \Rightarrow \begin{cases} -0.4 \le -2p \le 0 \\ -0.8 \le -2q \le 0 \\ -0.4 \le -r \le 0 \end{cases}$

   $\Rightarrow -1.6 \le -2p - 2q - r \le 0 \quad \therefore 3 \le E(x) \le 4.6$

二、多選題

4. 【答案】(1) (4)

　　【解析】(2) $a < 0$：未必通過 I

　　　　　　(3) $D > 0$：未必通過 I

　　　　　　(5) $c < 0$：未必通過 I

5. 【答案】(1) (2) (3)

　　【解析】(1) 首項 -1，公比 $\dfrac{1}{2}$

　　　　　　(2) 首項 1，公比 $\dfrac{1}{4}$

　　　　　　(3) 首項 1，公比 $\sqrt{\dfrac{1}{2}}$

　　　　　　(4) 首項 1，公比 2 → 發散

　　　　　　(5) 首項 0，公差 $-\log 2$ → 發散

6. 【答案】(1) (4) (5)

　　【解析】

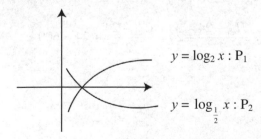

$y = \log_2 x : P_1$

$y = \log_{\frac{1}{2}} x : P_2$

　　　　　　(2) 凹向下

　　　　　　(3) 在 y 軸右方的右方。

7. 【答案】(2) (5)

　　【解析】(1) $\mu = 79$ （×）

　　　　　　(2) $\mu = 80$，$\sigma = \sqrt{10}$ （✓）

　　　　　　(3) $\mu = 82$，但 σ 可能大於 5 （×）

　　　　　　(4) if 自、社皆 100 分 → $\mu = 80$，$\sigma = \sqrt{106}$ （×）
　　　　　　(5) （✓）

三、選填題

A. 【答案】$\sqrt{29}$

　　【解析】$\because |\vec{u} - \vec{v}|^2 = |\vec{u}|^2 - \vec{u} \cdot \vec{v} + |\vec{v}|^2$

　　　　　　$\rightarrow 65 = 36 - 0 + |\vec{v}|^2$

　　　　　　$\rightarrow |\vec{v}| = \sqrt{29}$

B. 【答案】600

　　【解析】加入 $z \Rightarrow x + y + z = 47$，非負整數解

　　　　　　$\rightarrow H_{47}^3$，又 x = y = 0,……23，共 24 種

　　　　　　$\therefore \dfrac{H_{47}^3 - 24}{2} + 24 = \dfrac{C_{47}^{49} - 24}{2} + 24 = 600$

C. 【答案】(5,8)

【解析】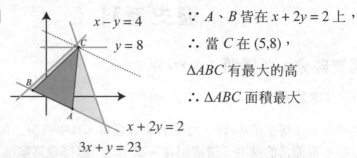　∵ A、B 皆在 $x + 2y = 2$ 上，

∴ 當 C 在 $(5,8)$，

ΔABC 有最大的高

∴ ΔABC 面積最大

第貳部分：非選擇題

1. 【答案】(1) $\begin{bmatrix} 0.85 & 0.35 \\ 0.15 & 0.65 \end{bmatrix}$　　(2) $x = \dfrac{7}{10}$，$y = \dfrac{3}{10}$

【解析】(1) $\begin{bmatrix} 0.85 & 0.35 \\ 0.15 & 0.65 \end{bmatrix}$

(2) $\begin{bmatrix} 0.85 & 0.35 \\ 0.15 & 0.65 \end{bmatrix}\begin{bmatrix} x \\ y \end{bmatrix} = \begin{bmatrix} x \\ y \end{bmatrix} \rightarrow \begin{cases} 7y = 3x \\ x + y = 1 \end{cases}$

$\rightarrow x = \dfrac{7}{10}$，$y = \dfrac{3}{10}$

2. 【答案】(1) 12　　(2) $\dfrac{7}{10}$

【解析】(1) $E(X) = \dfrac{4 \cdot 50 + 9 \cdot 20 + X \cdot 10}{4 + 9 + X} = 20 \rightarrow X = 12$

(2) $P(Y \le 50) = \dfrac{C_2^{21}}{C_2^{25}} = \dfrac{7}{10}$（不會取到紅色）

106年大學入學指定科目考試試題
歷史考科

第壹部分：選擇題（占 80 分）

一、單選題（占 68 分）

說明：第 1 題至第 34 題，每題有 4 個選項，其中只有一個是正確或最適當的選項，請畫記在答案卡之「選擇題答案區」。各題答對者，得 2 分；答錯、未作答或畫記多於一個選項者，該題以零分計算。

1. 日本統治時期臺灣一首歌謠指出，當時一種社會風俗造成「行踏不自在」、「上船著（需要）人牽，過橋亦艱難」，「有人知不是，風俗放未離（放不下）」。此處所指的社會風俗是：
   (A) 吸食鴉片　　　　　　　　(B) 分類械鬥
   (C) 剃髮留辮　　　　　　　　(D) 纏裏小腳

2. 第一次世界大戰爆發後，歐洲各國出現兩派反戰意見：
   甲：「戰爭起於君主、貴族和國家領袖的野心，違反和平人群的願望。化解之道是：國內由民主控制外交政策，並以國際法來取代國際無政府狀態。」
   乙：「戰爭乃起源於資本主義的競爭。解決之道是：須停止正在進行中的戰爭，並推翻既有經濟制度，因為它會導致其他類似的戰爭。」
   上述甲、乙兩派反戰意見在意識形態上分別屬於：
   (A) 保守主義；民族主義　　　(B) 民族主義；自由主義
   (C) 自由主義；社會主義　　　(D) 社會主義；民族主義

3. 位於玻利維亞南部的波托西（Potosi）蘊含某種豐富礦藏，1545 年西班牙人來此開採後，使該地在十六、七世紀間成為美洲最大城市。此一礦產開挖加工後，被轉運至塞維爾或里斯本，其中大部分再被帶至倫敦和阿姆斯特丹，但通常商人很快又會將這些礦產運出，送抵最後的目的地──中國。上述波托西出產的礦產是：
(A) 金　　　　　(B) 銀　　　　　(C) 銅　　　　　(D) 錫

4. 學者指出：東漢士大夫風習，為後世所推美。然而，若仔細分析，東漢士大夫常見的美德高行，不外乎是像讓爵（父有高爵，兄讓弟襲）、推財（兄弟分財，推多取少）、借交報仇（友有仇怨，許身代報）、清節（一介不取，推財與人）等。上述士人的作為與當時實行或盛行的何者最為相關？
(A) 讖緯之學　　　　　　　(B) 察舉制度
(C) 門閥盛行　　　　　　　(D) 清議流行

5. 學者指出，英國哲學家維根斯坦談到自己提出的命題時說：「他必須，這麼說吧，爬上去後丟掉梯子。……他必須『忘卻』這些命題，然後會正確恰當地看世界。」這位學者認為莊子也有類似的說法：「他必須先『忘卻』禮、樂，其次『忘卻』仁、義，然後才會與道漸成一體。」綜合二則資料中「忘卻」的意涵，最可能是指：
(A) 經過並超越　　　　　　(B) 遺忘並拋棄
(C) 反對並否定　　　　　　(D) 接受並融合

6. 一份十一世紀的教會文獻指出：任何人接受皇帝、國王、公爵或侯爵任命為主教或院長，教會將不予承認，並剝奪其進入教會的權利。同樣地，皇帝、國王、公爵或侯爵若將主教職位或其他神職授予他人，將受到天主的譴責，失去永生的機會。這份文獻說明了羅馬教會的哪項政策？

(A) 強調教會與君主協商教會事務

(B) 禁止教會授予君主與貴族教職

(C) 避免世俗君主干涉教會人事權

(D) 防範教宗與世俗君主貴族合作

7. 一篇文章提到：「朱元璋建立明朝以後，實行海禁政策，嚴禁民衆出海貿易。」又說：「徽州、東南沿海一帶山多地少，民以商爲生。中日貿易，雙方商人獲利，民亦有生路。當百姓無以爲生時，商人就變爲海盜，百姓則從海盜之事。」下列哪種說法最符合上文的旨意？

(A) 明太祖爲了恢復生產，獎勵農耕，實施海禁政策，阻止勞動力外流

(B) 中國向以天朝自居，自給自足，不假外人，海上貿易僅限朝貢國家

(C) 元代以來，阿拉伯商人控制南海貿易，影響中國，故實施海禁政策

(D) 東南沿海居民習於海洋貿易，海禁斷絕貿易機會，故只好鋌而走險

8. 〈黃埔條約〉及〈北京條約〉規定法國傳教士可以在中國傳教。1885年，教宗致函清光緒帝，請中國官府保護受中法戰爭影響的教務、傳教士、教徒。總理外交事務大臣李鴻章即派人至羅馬協商，雙方決定通使。隔年，教宗考量某種原因，決定「延後」建交，即無限延期。這次中國與羅馬教廷商議建交，李鴻章的主要考慮爲何？未能締交，最可能的原因爲何？

(A) 樂見教廷與各國建交；教廷改變主意

(B) 欲聯合英國對抗法國；英國不予支持

(C) 欲打擊法國的保教權；法國堅決反對

(D) 結好教廷以討好英國；教廷實力有限

9. 一位美國總統將出訪非邦交國時，表示：這是一趟哲學發現之
旅，充滿危險與不確定性，有如歷史上的那趟發現之旅。故特稱
此行為「馬可·波羅 2 號」。這位總統是：
(A) 訪問埃及的羅斯福總統　　(B) 訪問臺灣的艾森豪總統
(C) 訪問中國的尼克森總統　　(D) 訪問緬甸的歐巴馬總統

10. 曾任中國共產黨總書記的陳獨秀對義和團事件發表過兩種不同評
價。在民國初年，他批評「義和團就是全社會種種迷信、種種邪
說的結晶」。到了國共合作時期，他卻讚揚義和團「揭開中國民
族革命史上悲壯的序曲」，甚至稱義和團「保全了中國民族革命
史上的一部分榮譽。」根據上述，此時的轉變，最可能是因為陳
獨秀肯定義和團事件所蘊涵的何種性質？
(A) 對抗帝國主義　　　　　　(B) 倡議東南互保
(C) 增進滿漢融合　　　　　　(D) 發揚傳統武術

11. 《史記》記載，相當於中原的西周時期，楚國一位先祖說：「我
蠻夷也，不與中國之號諡。」於是他在長江地區冊封自己的子孫
為王，建立自己的邦國。根據這則史料，我們可以合理推論此時：
(A) 楚國先祖認同西周的禮樂
(B) 楚自認政治上不隸屬於周
(C) 楚和周是不相往來的國家
(D) 楚的情況與齊魯宋無不同

12. 古埃及的荷魯斯（Horus）形象多作隼
頭人身（如圖 1），為法老的守護神，
也是王權的象徵。羅馬人統治埃及時，
荷魯斯依然有著鷹隼的頭，卻披著羅
馬將軍或皇帝的長披風（如圖 2）。這
種變化說明羅馬的宗教政策是：

圖 1　　　　圖 2

(A) 放任自由，羅馬人民接受埃及信仰文化

(B) 強調萬靈信仰，主張世間萬物皆有神性

(C) 強調人與自然結合，表現天人合一思想

(D) 結合埃及在地宗教元素，以強化其統治

13. 日本統治時期某一抗爭活動，日本當局認為此抗爭不僅是政治運動，實含有民族運動的成分。但當時的左派人士卻批評此抗爭是脫離群眾，只是仕紳階級的政治運動。歷史學者指出此抗爭的意涵具有自治理想，且深層底蘊隱含有民族運動的終極目標。此抗爭活動應是：

(A) 西來庵事件　　　　　　　(B) 二林蔗農事件

(C) 霧社事件　　　　　　　　(D) 臺灣議會設置請願運動

14. 明末清初，耶穌會傳教士來到中國，除了將中國知識介紹到歐洲外，也將西方知識傳入中國。當時他們介紹西學，主要透過何種方式？

(A) 在宮廷或民間為帝王及士人講述西方科技

(B) 創辦報紙，介紹西方新知，影響知識分子

(C) 選派中國留學生，前往歐美等國學習西學

(D) 在各地創辦學校，招收學生講授天文地理

15. 法國思想家托克維爾，在所著《舊體制與法國革命》中，解釋法國大革命的起源，指出：法國越來越中央集權；法國傾向將公意置於法律之上；最重要的是，法國人把平等看得比自由還重要。因此，他認為大革命出現在法國，可以說是法國人選擇了誰的政治主張？

(A) 孟德斯鳩　　　　　　　　(B) 洛克

(C) 盧梭　　　　　　　　　　(D) 霍布斯

16. 十九世紀工業化後，歐洲開始面臨週期性經濟衰退和危機，第一次大蕭條出現於 1873-1895 年之間。歐洲農業利潤的下降最爲明顯，如 1890 年代小麥價格跌至 1860 年代的 1/3。當時各國對此反應不一，如丹麥積極推行農業現代化，德國、法國以關稅制度維持農產品價格，只有英國態度特殊，未採積極策略。英國如此因應的最主要原因是：
(A) 貶抑農業發展　　　　　(B) 從事農業者少
(C) 忙於帝國戰爭　　　　　(D) 工黨長期執政

17. 淝水戰前，前秦朝廷關於是否出兵討伐東晉，廷議熱烈。（甲）權翼說：「晉雖微弱，未有大惡。君臣關係很好，朝廷內外，也都和諧。」（乙）慕容垂說：「意見多了，難作決定，陛下聖心獨斷就可以了。晉伐吳的決議，即未經群臣討論。」（丙）高僧道安說：「陛下居中土，制四海，比得上堯舜，不必櫛風沐雨，經略遠方。」以上意見中，贊成出兵與反對出兵者，應是：
(A) 甲乙贊成；丙反對　　　(B) 乙贊成；甲丙反對
(C) 甲丙贊成；乙反對　　　(D) 甲贊成；乙丙反對

18. 史家指出：對大多數穆斯林激進分子來說，伊斯蘭最主要的敵人來自內部。包括土耳其國父凱末爾，埃及的法魯克國王、納瑟總統和沙達特總統，敘利亞的阿薩德總統，伊拉克的海珊總統，伊朗的巴勒維國王等，都曾被譴責是伊斯蘭最危險的、窩裡反的敵人。多數穆斯林激進分子何以視這些伊斯蘭國家領袖爲「最主要的敵人」？因爲上述領袖：
(A) 支持與以色列和平共存
(B) 推動內部的世俗化改革
(C) 與共產主義的蘇聯結盟
(D) 縱容家族壟斷政治利益

19. 1980 年代以前,臺灣所依賴的國際貿易結構主要是和甲、乙兩國進行三角貿易。1950 年代,臺灣對甲國出口農產品,進口硫酸亞等原料和消費品,由乙國進口援助物資。1970 年代,由甲國進口電子原料、零件等的數量大為增加,在臺灣加工後以乙國為主要市場。在此結構中,臺灣對甲國貿易逆差,對乙國貿易順差。

甲、乙兩國分別是:

(A) 日、美　　(B) 中、美　　(C) 美、日　　(D) 日、中

20. 圖 3 為倫敦某畫刊刊載的一幅漫畫,內容主要在諷刺 1902 年南美委內瑞拉與兩個經濟強權發生債務糾紛,兩國為討債而威嚇委內瑞拉時,圖中右手拿旗幟象徵委內瑞拉的士兵,則躲在一道插有「非請莫入,違者必究」告示牌的圍牆內,受到這道圍牆的保護。從圖的內容及你／妳的歷史知識判斷,這兩個經濟強權最可能是指:

圖 3

(A) 美國與法國　　　　　(B) 英國與德國
(C) 美國與日本　　　　　(D) 英國與俄國

21. 學者指出:「達文西通常被歸為文藝復興時代的人物,但他的想法卻不完全與一般認為的文藝復興特色吻合。」這位學者接著引用達文西的話:「那些研究古籍而不研究大自然的人,只是大自然的繼子,而不是親生子,所有好的作者都應以大自然為母親。」

這位學者欲說明達文西:

(A) 善用比擬和譬喻,論述的方法獨樹一格
(B) 主張研究古籍才為首要,探索自然為次
(C) 強調從大自然學習,不以師法古人為先
(D) 認為人為萬物之靈,表現出獨特宇宙觀

22. 印度孔雀王朝的阿育王在位初期多次征戰，擴張版圖。但西元前 261 年他的人生有了重大的轉變：征服東部沿海的羯陵迦王國時，因目睹該地有 15 萬人被強制擄走，10 萬人死於戰場，還有許多人稍後死去，阿育王決心摒棄戰爭，傳播正行之道，只願進行精神征服。阿育王此一轉變與他日後哪項政策直接相關？

(A) 規劃帝國組織　　　　　　(B) 設置欽差大臣

(C) 發展國際貿易　　　　　　(D) 宣揚佛教教義

23. 某一時期，歐洲多處地區的德國和德裔人士大規模移居德國，總數達 1,200 萬人，圖 4 為其示意圖。

此一現象發生的背景為何？

(A) 1871 年德意志帝國建立，歐洲
　　各地的德裔人士紛紛遷入德國

(B) 1930 年代後期，納粹政權重建
　　德國經濟，吸引德裔勞工遷入

(C) 1945 年後同盟國主導多國邊界
　　重劃，德裔人士被迫遷回德國

(D) 1990 年代歐洲共產政權倒臺，
　　邊界開放，人口可以自由遷移

圖 4

24. 食物史是世界史課題之一，牽動著人類彼此間的關係。十八、十九世紀歐洲飲用咖啡人口大增，商人因此尋求海外殖民地栽植咖啡樹。1860 年一本暢銷小說描寫亞洲某殖民地景況：政府強迫農人在自己土地上種咖啡樹，收成的咖啡豆只准賣給政府，否則會受罰。價錢也由政府來定，當地人所得款項很少，這些措施常造成飢荒。但海邊一艘艘待航的船隻，上面滿載著讓荷蘭富有的豆子。文中描寫的殖民地最可能是：

(A) 爪哇　　　(B) 長崎　　　(C) 安平　　　(D) 琉球群島

25. 學者寫道：張大千（1889-1984）是具有傳奇色彩的藝術家，經歷豐富，天資極高。摹古能力極強，是摹造古代名作最多最好的畫家。七十歲左右，畫出大面積的潑墨畫，一大片色彩之外，又有筆線勾畫的具體事物。根據上述，對張大千七十歲前後的成就最可能給予怎樣的評價？

(A) 之前精於工筆；之後改學潑墨，呈現東洋畫風

(B) 之前名滿天下；之後潑墨畫作，殊失優雅風韻

(C) 之前缺乏創意；之後抽象手法，已失中國風味

(D) 之前善於臨摹；之後抽象表現，創造現代風格

26. 學者指出，中國歷史上有一外來宗教，約在南北朝時傳入。教徒的生活依其經典而行，日食一餐，至晚乃食，食素不食葷。其僧侶的名稱有「拂多誕」（古波斯語之譯音，意為「知教義者」）、有「慕闍」（亦古波斯語之譯音，意為「師」也）。上述宗教應是：

(A) 佛教 　　　　　　　　(B) 摩尼教

(C) 景教 　　　　　　　　(D) 伊斯蘭教

27. 諾貝爾基金會公布某年度和平獎得主時，稱讚他促進國際間以協商取代衝突，使許多歐洲國家重獲自由，降低國際間競相整軍經武、劍拔弩張的勢態。消息傳到獲獎人本國時，該國政治人物卻表示：「可喜可賀，但可惜不是得經濟獎。」這位得獎者最可能是誰？該國政治人物的意見起因為何？

(A) 戈巴契夫；蘇聯的改革開放政策無法使民生經濟好轉

(B) 阿拉法特；巴勒斯坦在以色列的限制下經濟難以發展

(C) 曼德拉；南非因種族隔離政策被孤立於國際貿易圈外

(D) 歐巴馬；美國因金融海嘯導致經濟衰退，失業率攀高

28. 學生在做清代臺灣史的報告時，其內容摘要為：一是臺灣和中國
大陸間「區域分工」頻繁，造成商業貿易在臺灣特別發達；二是
商業貿易日趨頻繁，漳、泉商賈彼此競爭激烈，遂依祖籍、宗族
團結共謀利益；三是清廷對臺灣限制糧運，福建兵糧，由臺補
給，食糧的配運，都需有船團的組織及管理。就摘要來看，這份
報告的主題應是：
(A) 行郊形成的背景　　　　　(B) 分類械鬥的原因
(C) 東亞貿易的概況　　　　　(D) 渡臺禁令的內容

29. 史學家陳垣以某人考訂楊貴妃年歲為例，指出三項缺失：一、冊
壽王妃（楊貴妃原為壽王妃）年月，據《外傳》誤文，不據《唐
詔令集》，是謂無識；二、楊貴妃卒時年歲，引《外傳》，不引正
史，是謂不知輕重；三、考史至引乩語，是謂遁入魔道。陳垣以
此為例，說明研究歷史問題，應該重視什麼？
(A) 具有問題意識　　　　　　(B) 得到歷史真相
(C) 廣泛蒐集史料　　　　　　(D) 運用可信史料

30. 圖 5 為唐宋歲入錢幣與實物數量統
計趨勢圖。根據圖 5 可知，八至十
一世紀經濟發展的主要趨向是：
(A) 經濟重心南北均衡
(B) 經濟重心逐漸南移
(C) 自然經濟有所發展
(D) 貨幣經濟長足進步

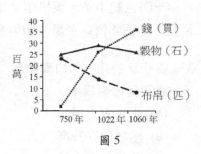

圖 5

31. 日本統治時期臺灣總督府曾公布實施「臺灣米穀輸出管理令」，
內容：為達成臺灣對帝國全體經濟所特有的產業使命，島內重要
產業必須調整，臺灣米的輸出有必要併入臺灣總督府管理。繼米
穀管制後，總督府也公布「臺灣糖業令」，開始插手管制製糖會
社的經營。總督府公布這兩條法令的背景應是：

(A) 1901 年爲推行新式製糖管制會社
(B) 1925 年爲避免米糖相剋管控原料
(C) 1929 年因應經濟大恐慌自籌財源
(D) 1939 年提升總戰力實施戰時體制

32. 在 1920、30 年代，許多美國學者主張重振西方傳統的博雅教育，要學生廣泛閱讀文學、科學、歷史及哲學等經典著作。這些改革者反對功利或工具取向的教育目的，並批評當時大學過度以就業爲導向。然而，有趣的是，他們又強調閱讀經典可訓練多種有用的能力，應用在日常生活中。這個現象反映出：
(A) 女性進入大學人數增加，帶動閱讀風潮
(B) 歐洲人大量前往美國，提倡經典的閱讀
(C) 杜威實用主義深入人心，影響教育理念
(D) 美國基督教會影響擴大，主張閱讀經典

33-34 爲題組

十四世紀中葉，英格蘭地區因黑死病流行，人口銳減，直到十六世紀下半葉才恢復至黑死病爆發前的人口數量。

33. 圖 6 反映此一人口變動造成的何種影響？
(A) 土地壓力增加
(B) 階級對立升高
(C) 工匠薪資成長
(D) 失業人口上升

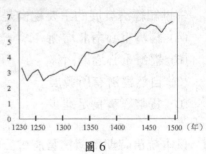

圖 6

34. 兩位學者討論黑死病發生的原因：
甲：前幾個世紀人口的成長過快，超出土地供養的能力，人們普遍營養不足，才使得黑死病的死亡率那麼高。

乙：十四世紀早期生活資源不夠，不是因為人口過多，而是社會
　　結構的問題。莊園主透過加強剝削即可增加收入，農奴若增
　　加生產又只會被搜刮，故兩方都沒有提高生產的動機，才使
　　生活資源不夠。

甲、乙學者依據的理論分別是：

(A) 甲：李嘉圖；乙：馬爾薩斯

(B) 甲：馬爾薩斯；乙：馬克思

(C) 甲：馬克思；乙：達爾文

(D) 甲：達爾文；乙：凱因斯

二、多選題（占 12 分）

說明：第 35 題至第 38 題，每題有 5 個選項，其中至少有一個是正
　　　確的選項，請將正確選項畫記在答案卡之「選擇題答案區」。
　　　各題之選項獨立判定，所有選項均答對者，得 3 分；答錯 1
　　　個選項者，得 1.8 分；答錯 2 個選項者，得 0.6 分；答錯多於
　　　2 個選項或所有選項均未作答者，該題以零分計算。

35. 1980 年代有一批年輕導演，如楊德昌、侯孝賢、柯一正等，拍
　　攝「光陰的故事」、「兒子的大玩偶」等小成本作品，意外點燃了
　　「新電影」風潮。此類電影多改編自臺灣作家的小說，和鄉土文
　　學相呼應，也因此被稱為「鄉土電影」。此類電影具有哪些特
　　色？

(A) 以自然寫實手法紀錄臺灣社會的變動

(B) 依生活情境所需使用國語或閩客方言

(C) 愛情衝突和幸福美滿為兩大內容主軸

(D) 拍攝目的為激勵愛國情操以團結內外

(E) 題材貼近現實生活傳達對環境的自省

36. 遠古各族起於何方，無明確記載，史家往往從有限的傳說資料中加以推斷。從下列中國古代商、周與秦人的祖先傳說及你／妳的歷史知識，可以得出怎樣的合理推論？

甲、《史記・殷本紀》：「商的始祖契，母親是簡狄，是帝嚳的妃子。有一天，簡狄外出洗澡，看見燕子掉下一只蛋，簡狄吞下，懷孕生契。」

乙、《史記・周本紀》：「周的始祖后稷，名叫棄，他的母親姜原走到野外，看到巨人的腳印，心裡很喜歡，就踏了下去，腹內感到震動，好像懷孕一般，後來生了兒子。」

丙、《史記・秦本紀》：「秦的祖先是顓頊帝的遠代孫女女修，女修織布，燕子掉下一只蛋，女修吞下，生下兒子大業。」

(A) 從祖先傳說來看，商、周可能起源於不同地域

(B) 秦的祖先傳說同於商，可能與商源於同一地域

(C) 秦的祖先傳說對了解秦人的歷史文化毫無關係

(D) 秦的祖先傳說同於商，表示秦文化即為商文化

(E) 秦自原居地遷至西方，其祖先傳說可提供線索

37. 宗教改革家馬丁路德主張基督信仰唯一的權威在《聖經》，而教會對《聖經》的詮釋並無壟斷權。他進而強調「每個人皆為自己的教士」，任何信徒均可經由閱讀《聖經》直接與上帝接觸、認識祂的福音，而毋須透過教士的協助。宗教改革期間，馬丁路德最可能以哪些作為實踐上述理念？

(A) 主張信眾自行選舉牧師

(B) 支持鎮壓德境農民叛亂

(C) 將《聖經》翻譯成德語

(D) 聯合英國國王支持改革

(E) 支持改革傳統教會制度

38. 歷史課中老師請同學討論兩則關於羅馬擴張的資料，並提出看法：

甲：「記住，你是羅馬人，你的工作就是統治其他國家，由此世界才能變得和平，而且每個人都能服從法律。」

乙：「世界上，只有羅馬人會狂熱的同時攻擊窮人和富人，搶劫、謀殺、姦淫都被偽裝在『帝國』名字下。他們造出一片沙漠，卻稱之為『和平』。」

以下哪些同學的看法可以成立？

(A) 甲指羅馬共和初期；乙指羅馬帝國後期

(B) 甲為征服提供理由；乙關注征服中的破壞

(C) 甲讚揚征服帶來和平；乙譏諷假借和平的暴虐

(D) 甲出自下層階級公民；乙為羅馬統治者的心聲

(E) 甲的書寫意在評價歷史；乙的書寫重在事實描述

第貳部分：非選擇題（佔 20 分）

說明：本部分共有四大題，每大題包含若干子題。各題應在「答案卷」所標示大題號（一、二、……）之區域內作答，並標明子題號（1、2、……），違者將酌予扣分。作答務必使用筆尖較粗之黑色墨水的筆書寫，且不得使用鉛筆。每一子題配分標於題末。

一、 以下兩則為晚清臺灣茶、糖、樟腦三項產業相關資料，閱讀後回答問題。

甲：貿易稅收成為晚清臺灣主要的財政收入之一，而出口值的增減實為貿易額增減的主要關鍵。比較 1868-1895 年間臺灣南北的對外貿易額可知，1880 年以前南部貿易額多於北部，1871 年以前且為北部的 2 倍；但 1880 年後，北部已超過南部，1885-1895 年間，北部貿易額反而超過南部 2 倍。

乙：劉銘傳爲籌措建省經費，加課百貨釐金，並進行土地清丈以增稅。糖因市場競爭和生產成本較高，獲利不及茶和樟腦。糖原未課釐金，而北部的茶和樟腦已課釐金；樟腦不需課土地稅，茶園多在山地，土地稅較產糖的平地爲輕。

1. 劉銘傳的增稅對哪項產業打擊最大？（1分）爲什麼？請說明一項原因。（2分）

2. 就兩則資料推論，臺灣的經濟重心呈現怎樣的轉變？（1分）經濟重心的轉變和三項產業消長的關係爲何？（2分）

二、 老師在課堂教導學生學習歷史考證，他首先提供一則清代史家錢大昕對唐代回紇所做的說明：「回紇，後改名爲回鶻，唐末年遷於北庭（今新疆），元時，回鶻音轉爲畏兀，或作畏兀兒、畏吾兒。」接著要同學依據上述錢大昕的說明，針對以下甲、乙、丙三組未經校勘的資料進行考證。請你／妳試著回答下列問題。

甲、《元史・文宗紀》：「各道廉訪司官用蒙古二人，畏兀、河西、回回、漢人各一人。」《明史・哈密傳》：「其地種落雜居，一曰回回，一曰畏兀兒，一曰哈剌灰，其頭目不相統屬。」

乙、元世祖說：「回回人中，阿合馬才任宰相。」

丙、《元史・姦臣傳》：「阿合馬，回紇人也。」

1. 這三組資料中，哪一組有明顯錯誤？（2分）

2. 此一錯誤是什麼？（2分）

3. 如何由錢大昕的說明及各段資料所述，推論出它是錯誤的？（2分）

三、 1501 年夏,一支滿載香料的船隊遠渡重洋返抵歐洲,某位威尼斯人聞此消息,在日誌中寫道:「從熱那亞、里昂等地的來信得知,幾艘被期待滿載香料的快帆剛返抵某國港口。其中三艘來自印度的古里,一艘來自有大量金礦之地。對威尼斯而言,這是非常不好的消息。香料原從印度運到亞歷山大城或者貝魯特,再轉運到威尼斯,各地商人則從這裡批貨。今天,由於這一新航線,原本從開羅而來的香料,將由那個國家控制,因其船隊將直接到印度採購。確實,威尼斯商人真是處境堪虞!」仔細閱讀這則日誌,回答下列問題。

1. 文中提到的「某國」是指何國?(2 分)

2. 上述發展會對威尼斯貿易造成什麼影響?(2 分)

四、 十七世紀法國專制王權的建立歷經路易十三、路易十四。以下為相關敘述:

甲:「路易十三令首席大臣李希留強硬地處決和拘禁許多意圖叛亂的貴族,利用告密者組成網狀機構,派出享有專斷權力的督察,監視各地總督。」

乙:「路易十四建造凡爾賽宮,要求貴族家庭每年必須來此一段時間。他讓貴族以參與宮廷生活和國王起居禮儀為榮。貴族之間彼此競爭,都想討得國王歡心,國王賦予財富和特權,回報他們的忠誠。」

根據以上資料:

1. 十七世紀法國專制王權發展的一大阻力是什麼?(2 分)

2. 路易十三至路易十四對上述阻力的處理方式有何改變?(2 分)

106年度指定科目考試歷史科試題詳解

第壹部分：選擇題

一、單選題

1. **D**

   【解析】 從題幹中即可判知是「行走不方便」，而裹小腳的傳統
   確實會造成題幹所述的狀況，因此選擇答案 (D)。

2. **C**

   【解析】 甲主張由「民主」制度控制外交政策，乙主張「推翻
   經濟制度」。由此可以推知甲主張由「全體人民」的意
   見主導外交政策，乙則傾向馬克思主義（其精神反對
   資本主義）。因此答案選 (C)。

3. **B**

   【解析】 十五世紀到十七世紀是地理大發現的時代，西班牙人
   將在中南美洲開採到的白銀運往中國，換取絲織品、
   茶葉、瓷器。

4. **B**

   【解析】 「察舉制度」是漢代選拔人才的主要制度，察舉制度
   又細分成「詔舉」與「歲舉」。「詔舉」主要是由皇帝
   依據需要而下詔，類似於特選，「歲舉」則是每年由
   地方官推薦「孝子」「廉吏」等道德高尚人士到朝廷
   任官。東漢的士大夫為了能夠仕途得意，因此會特別
   強調這類的美德高行。

5. **A**

　　【解析】　從英國哲學家維根斯坦的論述即可得知,「爬上去後丟
　　　　　　　掉梯子」,「爬上去」代表「經過」「利用」,丟掉梯子
　　　　　　　代表「超越」。

6. **C**

　　【解析】　中古後期,羅馬教廷與世俗政權之間存在著「政教衝
　　　　　　　突」。從題幹可以得知,教會反對且不承認任何世俗政
　　　　　　　權任命主教或神職的行為,主要是防止世俗政權對於
　　　　　　　教會權力的干涉。因此答案選 (C)。

7. **D**

　　【解析】　從題幹可以得知,在有貿易存在的時候,民以商維生,
　　　　　　　則人民有生路。但朱元璋宣布海禁之後,原本從事商
　　　　　　　業的人就無法繼續經商,則這些人就會轉為海盜。在
　　　　　　　選項當中,只有 (D) 的說法符合題幹的意思。

8. **C**

　　【解析】　根據 1844 年中國與法國所簽訂的《黃埔條約》,同意
　　　　　　　法國在中國享有天主教的佈教權。李鴻章此舉的目的,
　　　　　　　在於希望得到教宗的允許,取得原本屬於法國在中國
　　　　　　　有關天主教傳播等相關權利,但後來無限延期,最有
　　　　　　　可能的原因就是被法國阻擋。

9. **C**

　　【解析】　1972 年美國總統尼克森拜訪當時仍未與美國建交的中
　　　　　　　華人民共和國,被視為是中（共）美外交正常化的重
　　　　　　　大突破。中華人民共和國的意識形態與美國迥然不同,
　　　　　　　因此被認為「危險、不確定性」。

10. **A**

【解析】 義和團主張「扶清滅洋」，雖然舉措迷信，但仍不失其「反對列強帝國主義」的本質。(B) 東南互保的倡議者是八國聯軍時期的沿海各省總督巡撫。

11. **B**

【解析】 從題幹「我蠻夷也，不與中國之號諡。」即可看出楚國自認不屬於周。

12. **D**

【解析】 羅馬人其實對於宗教來說非常寬容，他們的傳統宗教有多達幾十萬的神祇，這些神祇除了羅馬人自己信奉的神外，還網羅了隨羅馬人對外擴張時征服的部族的神明。此外，羅馬帝國皇帝死後多會被元老院通過將其神格化，成為羅馬諸神之一。這種「宗教政策」，是羅馬人統治多民族大帝國的一種手段，因為宗教迥異是各民族最容易產生衝突的導火線。

13. **D**

【解析】 (A) 有民間信仰性質的武裝抗日。

(B) 以蔗農為主要成員的抗日。

(C) 原住民抗日。

(D) 台灣議會設置請願運動由台灣文化協會所發動，是政治社會運動的重要項目之一，主張台灣應該成立議會，監督台灣總督，但並沒有成功。而參加台灣文化協會的成員多是台籍的新知識份子，如霧峰林家林獻堂、醫師蔣渭水等。

14. **A**

【解析】 耶穌會傳教士在中國的傳教方式是以接觸中國的士大夫階級與皇室為主，例如利瑪竇與明朝大臣徐光啟往來密切，湯若望供職於清廷的欽天監（天文台）。

15. **C**

【解析】 關鍵句「將公意（民意）置於法律之上」，主張任何的法律與執政者，都需要經過人民的同意與授權，與盧梭「民約論」（主權在民）的觀點相符。

16. **B**

【解析】 英國是工業革命的起源國家，到十九世紀中期的時候，英國全國的第一級產業人口只佔全國 10%。

17. **B**

【解析】 甲認為東晉君臣團結，攻克不易。丙認為前秦皇帝符堅無須親征。乙認為就順著符堅自己的意思即可（符堅是主戰的，後來發動淝水之戰，但是戰敗）。

18. **B**

【解析】 伊斯蘭世界主張推動世俗化改革的領袖，多半都會壓抑伊斯蘭宗教組織的勢力以利於推動改革（例如凱末爾改用公曆不用回曆，穿西服禁止女生戴頭巾等），因此被若干宗教團體認為是「窩裡反」的敵人。

19. **A**

【解析】 1950 年代，台灣接受美國援助，因此乙國是美國。1950 年過後，兩岸貿易中斷，因此台灣與中國大陸之間的貿易幾乎斷絕，而主要外銷的對象就是日本，外銷的主力是農產品（香蕉、鳳梨罐頭）。

20. **B**

【解析】　圍牆上面的大字是「門羅宣言」，門羅宣言的主張是歐洲國家不要插手美洲的事物。因此這個經濟強權一定不能選美國，因此 (A) (C) 並不能選，而近代的俄羅斯財政問題向來困難，僅能說是軍事強權，因此 (D) 也不可選。(B) 當時的德國與英國都頗有經濟實力，甚至進行軍備競賽，意圖在軍事規模上超越對方。

21. **C**

【解析】　達文西的發明都以大自然的定律為依歸。他曾說：『以人類智慧發明的各種機器，即使作用相同，也不可能比自然的（發明）更美麗、更簡單、更貼切；因為大自然中沒有甚麼是缺少的，也沒有甚麼是多餘的。』

22. **D**

【解析】　阿育王致力於推廣佛教，以佛教的護法自居。

23. **C**

【解析】　1945 年德國戰敗，原本隸屬於德國的領土多劃歸於波蘭，因此有多數德裔人士被迫返回德國。

24. **A**

【解析】　咖啡屬於熱帶作物，因此只能種植於 (A) 爪哇。
(B) 長崎是溫帶季風氣候。(C) 安平雖然是熱帶，但已經較接近副熱帶，並非咖啡的良好產區。(D) 琉球位於副熱帶季風氣候。

25. **D**

【解析】　題幹提到張大千「摹古能力極強」，因此答案選 (D)。

26. **B**

【解析】 摩尼教有「五淨戒」「十戒」，其中關於口戒的部分，都有提到吃素。

27. **A**

【解析】 戈巴契夫擔任蘇聯總書記後，致力與西方和解（降低飛彈與核武的數量），並不干預東歐各國的非共化，因對國際社會有諸多貢獻，因而獲得諾貝爾和平獎。但蘇聯的經濟卻愈來愈壞，該國的政治人物遂有如此感嘆。

28. **A**

【解析】 清領前期台海兩岸的貿易往來，為區域分工的形態，而船運與物品銷售的管理業務，多由「行郊」協助完成。

29. **D**

【解析】 陳垣認為用《外傳》而不使用《唐詔令集》（唐朝皇帝詔令彙編冊）與正史，是一件不知輕重的事情，更何況還用乩語，陳垣對此非常不認同。這是題幹的意思。

30. **D**

【解析】 從圖即可得知以貨幣作為納稅方式的情形提升。題幹看不出 (A) (B) (C) 的現象。

31. **D**

【解析】 1939 年，總督府為了因應中日戰爭與南進政策，頒布「臺灣米穀輸出管理令」，控制台灣本地的稻米輸出入。同時，總督府也頒佈「台灣糖業令」，開始控制甘蔗的種植，必要時挪用部分土地改種植稻米或甘藷。

32. **C**

【解析】 杜威實用主義主張「教育即生活，學校即社會」，反對傳統的灌輸與機械化的教育方式，並且主張廣泛地閱讀，重視終身教育。

33. **C**

【解析】 黑死病造成西歐地區人口的大量死亡，因此造成勞力短缺。勞力短缺勢必造成勞工薪資的提升 (供不應求)。

34. **B**

【解析】 甲的主張是「人口增加的速度已經超出土地負載力」，認為當時的土地收穫本來就養不飽人，這也導致黑死病的死亡率更高。乙的重點則是放在「階級互動與生產分配失當」。因此可以得知甲應該是馬爾薩斯的人口論，乙是馬克思主義。

二、多選題

35. **ABE**

【解析】 (C) 電影主要呈現寫實風格，其題材貼近現實社會，回顧民眾的真實生活。(D) 1970 年代台灣在外交上頻頻失利，政府因而拍攝這類的影片以激勵民間士氣。

36. **ABE**

【解析】 (C) 的說明過於武斷，因此不適合選。(D) 秦文化即為商文化，歷史上並沒有明確的證據可以如此確定。

37. **CE**

【解析】 (A) 並未提及。

　　　　　(B) 立場態度曖昧，一開始偏向支持農民，後來則是反
　　　　　　　對農民叛亂。
　　　　　(D) 並無此事。

38. **BC**
　　【解析】 (A) 甲的部分無法從中很明確地知道是甚麼時期，乙的
　　　　　　　　話應該是羅馬帝國初期，羅馬帝國的初期又稱為羅
　　　　　　　　馬和平。
　　　　　　(D) 甲出自羅馬的統治者，乙則出自平民百姓的立場。
　　　　　　(E) 甲乙兩者都在評價歷史。

第貳部分：非選擇題

一、【解答】 1. 糖；增加釐金與土地稅上升

　　　　　　 2. 經濟重心北移；茶與樟腦的利潤較高

二、【解答】 1. 丙

　　　　　　 2. 元史不應用回紇一詞

　　　　　　 3. 史料紀載，在元代的時候已經不用回紇這個名詞，
　　　　　　　　因此明朝也不會用舊稱。

三、【解答】 1. 葡萄牙

　　　　　　 2. 東方香料貿易獨占地位的消失

四、【解答】 1. 封建貴族

　　　　　　 2. 從強硬到懷柔

106 年大學入學指定科目考試試題
地理考科

壹、單選題（占 76 分）

說明：第 1 題至第 38 題，每題有 4 個選項，其中只有一個是正確或
最適當的選項，請畫記在答案卡之「選擇題答案區」。各題
答對者，得 2 分；答錯、未作答或畫記多於一個選項者，該
題以零分計算。

1. 圖 1 為歐洲某地區的氣候類型，其傳統農業系統之運作方式最可
能為下列何者？

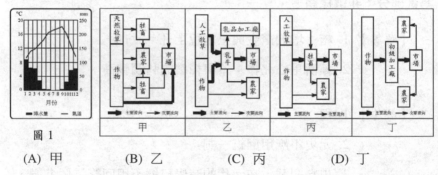

圖 1

(A) 甲　　　　　(B) 乙　　　　　(C) 丙　　　　　(D) 丁

2. 圖 2 為臺灣某地透過月平均降水量減去月平均可能蒸發散量所繪
製的氣候水平衡圖，該圖最可能是下列
何地的水平衡狀況？

(A) 宜蘭

(B) 澎湖

(C) 花蓮

(D) 嘉義

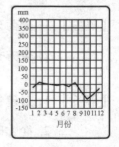

圖 2

3. 2011 年媒體報導：印尼可能因國際糧價的上漲及糧食進口依存度
   高的影響，而面臨嚴峻的糧食危機，主要受到近年來下列何種現
   象所造成？
   (A) 稻田轉種經濟作物遽增　　(B) 國際技術勞力大量進入
   (C) 印尼盾持續大幅度升值　　(D) 國內生產總值逐漸降低

4. 星巴克咖啡最早由美國的西雅圖發跡，然後傳播至美國各大都
   市，再流行到世界其他都市。此種傳播的方式，與下列哪個事件
   的擴散類型最相似？
   (A) SARS 在國際之間的傳染　　(B) 撒赫爾沙漠化範圍的擴大
   (C) 登革熱在臺灣島內的傳染　　(D) 中國沙塵暴向臺灣的侵襲

5. 印度的電腦工程師，工時長、薪水低，因而被稱為「電腦苦力」
   （cyber coolies）。他們主要是負責接收來自美國及歐洲國家的外
   包工作，包括修改軟體及處理大量的電腦程式。此種情況反映了
   下列哪些現象？
   甲、全球化　　　　　乙、國際分工　　　　丙、比較利益
   丁、金融服務　　　　戊、市場區位
   (A) 甲乙丙　　(B) 甲丁戊　　(C) 乙丙戊　　(D) 丙丁戊

6. 臺灣中部的大肚台地、八卦台地普遍出露紅土礫石層，而且礫石
   多呈橢圓狀。由此推測，這些台地的前身最可能是下列何種地
   形？
   (A) 潮埔　　　(B) 沙灘　　　(C) 沖積扇　　　(D) 落石堆

7. 中南美洲國家部分地區農民，依賴種植咖啡為生。當國際咖啡價
   格暴跌時，農民生活便無以為繼，此種現象與下列哪些農業生產
   的特性關係密切？

甲、精緻農業　　　　乙、生態農業　　　　丙、科技化農業
丁、農業專業化　　　戊、殖民地式經濟

(A) 甲乙　　　(B) 乙丁　　　(C) 丙戊　　　(D) 丁戊

8. 假設有某筆 2,000 平方公尺的都市土地，其上有塊建築基地，該都市土地的法定建蔽率為 20%，容積率為 225%，則建築基地的面積，以及法定的樓地板面積至多各為多少平方公尺？

(A) 400、900　　　　　　　　(B) 400、4,500
(C) 1,600、3,600　　　　　　(D) 1,600、4,500

9. 英國於海外殖民時期，從殖民地獲得許多原料，加工為成品後再輸往世界各國。當時英國發展的紡織工業，其棉花與羊毛原料大多來自下列哪些地區？

(A) 埃及、巴西　　　　　　　(B) 中國、澳洲
(C) 印度、紐西蘭　　　　　　(D) 馬來西亞、巴西

10. 圖 3 為東亞衛星雲圖，圖中白色部分為雲帶，由東海往西南延伸到南海，能為臺灣全島帶來豐沛的雨量，此現象可能在下列哪些月份出現頻率最高？

(A) 1-2 月　　　(B) 5-6 月
(C) 8-9 月　　　(D) 11-12 月

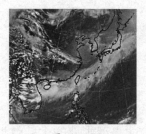
圖 3

11. 下列便利商店的營運現象，符合哪些地理觀點？

● 一般連鎖便利商店可以領取網購的書籍與票卷，和換領行、駕照；

● 多夜聚集在便利商店吃熱食並上網的夜貓族愈來愈多；

● 許多偏鄉的便利商店沒有提供咖啡及提款服務，但有廣大停車場。

甲、中地理論　乙、社區營造　丙、市場機制　丁、資訊化社會

(A) 甲乙　　　(B) 乙丙　　　(C) 丙丁　　　(D) 甲丁

12. 圖 4 為受到氣候異常影響，導致小麥國際市場價格上漲的過程示意圖。甲為某重要小麥出口國，在甲、乙格子中應依序填上下列哪些項目？

圖 4

(A) 澳洲、發生乾旱　　　　　(B) 澳洲、發生水患

(C) 祕魯、發生乾旱　　　　　(D) 祕魯、發生水患

13. 圖 5 是假設在不考慮防疫措施的介入之下，某傳染疾病的病例人數曲線圖，該傳染疾病最可能為下列何者？

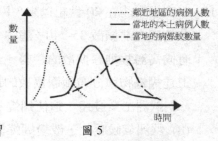

圖 5

(A) AIDS　　　(B) 瘧疾

(C) 登革熱　　　(D) 流行性感冒

14. 中國大陸政府在 1990 年前後，曾提出「主產區」與「主銷區」的農業區域分工政策，試圖透過國內貿易，使農產品由主產區供應沿海經濟較發達的主銷區。但在 2009 年後將「主銷區」改稱為「非主產區」，並提升其「糧食區域自給」的能力，此政策在確保國家糧食安全上可能具有下列哪種作用？

(A) 農工結合，提升單位面積產量

(B) 農作區域專業化以達成規模經濟

(C) 分散糧食供應來源，減少缺糧危機

(D) 減少對國內農業區的依賴，增加自國外進口糧食

15. 圖 6 是臺灣 2013 年初的產業外籍勞工在各縣市分布的前八名排
    行榜，下列敘述何者正確？
    甲、縣市人口密度愈高，外籍勞工人口愈多
    乙、外籍勞工的分布和臺灣工業區的分布高度相關
    丙、高雄市工業需要高技術勞
    　　工，故外籍勞工人數較少
    丁、桃園縣（今桃園市）外籍
    　　勞工最多，主要爲產業結
    　　構所致

    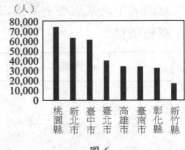

    (A) 甲乙　　　　(B) 甲丙
    (C) 乙丁　　　　(D) 丙丁

    圖 6

16. 研究發現「在 20 世紀以來，歐洲非遷移性的蝴蝶中，63% 的分
    布範圍向北擴散 35-240 公里；在捷克境內至少有 12-15 種蝴蝶，
    有向高海拔地區擴散的趨勢，最大擴散高度爲 148 公尺。」導致
    上述蝴蝶物種分布範圍擴散的最主要因素是：
    (A) 歐洲工業發達，迫使蝴蝶尋找更佳棲地
    (B) 歐洲氣候暖化，改變蝴蝶繁衍活動空間
    (C) 歐洲西風變強，降雨增加促使蝴蝶遷徙
    (D) 歐洲山岳冰河發達，利於蝴蝶南北移動

17. 照片 1 爲某都市經歷數十年發展後
    的住宅景觀照片。左上方的市容，
    街道寬闊，公共空間大；右下方的
    市容，房舍密集、巷弄狹窄。根據
    照片中景觀的形成，推論該地最可
    能經歷過下列哪種過程？

    照片 1

    (A) 產業群聚　　(B) 社區營造　　(C) 都市更新　　(D) 都市輻輳

18. 開發者推動一地的發展時，需先就居民生活、自然、社會等層面，以科學、客觀、綜合的調查、預測與分析，提出可能對經濟、文化、生態等造成的衝擊程度及範圍。這種開發程序最符合下列哪個概念的具體實踐？
    (A) 生態社區
    (B) 地景多樣性
    (C) 環境影響評估
    (D) 土地使用分區管制

19. 地圖繪製時，須先將立體球面轉繪至平面圖紙上，轉換過程經緯線系統會產生不同的變形。若某人要透過地圖比較各國家的面積大小，最適合使用下列哪種投影的地圖？

    (A) 甲
    (B) 乙
    (C) 丙
    (D) 丁

20. 通常一地風力發電要達到最佳效率，設置的風機正面宜面對該地主要強風的風向。圖 7 為某地多年平均的風花圖，該地風機面對下列哪個方位時，單位時間的發電效率可能最佳？

圖 7

    (A) 北
    (B) 南
    (C) 南南西
    (D) 北北東

21. 如果全球的海平面上升 5 公尺，則下列臺灣的四個縣份中，哪個縣份被淹沒的土地面積，占該縣總面積的比例最高？
    (A) 花蓮
    (B) 苗栗
    (C) 彰化
    (D) 臺東

22. 某衛生紙廠商於 1968 年成立，2007 年分割部分事業成立消費品
    實業公司，除維持衛生紙產品外，也插足清潔用品的生產與銷
    售。上述的產業轉型屬於下列哪種經營策略？
    (A) 客製化　　 (B) 垂直整合　　 (C) 工業慣性　　 (D) 多角化經營

23. 1690-1745 年間，加拿大魁北克市的法國移民修築了一段城牆，用
    以抵禦英國移民及北美原住民。這段舊城牆是現今北美洲唯一的
    歐式古城牆，於 1985 年列入世界文化遺產。魁北克舊城牆具備了
    列入世界文化遺產的哪個條件？
    (A) 表現人類創造力的上古文明經典之作
    (B) 呈現出人類歷史重要階段的建築類型
    (C) 擁有最重要及顯著的多元性生物自然生態棲息地
    (D) 包含出色的自然美景與美學重要性的自然現象或地區

24. 臺灣在颱風豪雨過後，某些地區因為淨水廠負荷過重，自來水系
    統無法正常運作，出現了豪雨後短期內無水可用的窘境。造成此
    現象的原因，最可能與下列何者有關？
    (A) 水庫上游集水區面積太小　　 (B) 水庫集水區水土保持不良
    (C) 事前水庫的洩洪水量過多　　 (D) 事後水庫的蓄水能力變差

25. 表 1 為 2011 年西歐、東歐、北歐、南歐四個地區，區內各國的生
    態印跡資料，下列何者
    最可能為東歐地區？

    表 1

    (A) 甲
    (B) 乙
    (C) 丙
    (D) 丁

分區	生態印跡（全球公頃／人）
甲	1.7～5.6
乙	4.1～5.8
丙	3.3～4.2
丁	4.3～6.5

26. 臺灣本島 TM2 投影坐標系統以 121°E 為中央經線，其橫坐標值為 250,000 公尺，今有兩個點的 TM2 坐標為甲（248500, 2585000）、乙（340000, 2767000），以及另外兩個點的球面坐標為丙（121°E, 23.6°N）、丁（121.6°E, 24.5°N），這四點的位置由西到東排列順序為何？
(A) 甲丙乙丁　　(B) 甲丙丁乙　　(C) 丙甲丁乙　　(D) 丙甲乙丁

27-28 為題組

◎ 2008 年，俄羅斯和烏克蘭發生能源紛爭，因為兩方的價格沒有談攏，導致俄羅斯從 2009 年 1 月 1 日起停止供應能源，造成數以萬計的烏克蘭居民要在缺乏暖氣的情況下度過寒冬，相對地也使哈薩克等該能源生產大國獲利增加。請問：

27. 文中的「能源」紛爭，最可能指的是下列什麼能源？
(A) 石油　　　(B) 煤礦　　　(C) 核能　　　(D) 天然氣

28. 俄羅斯停止供應該能源，對下列哪些區域的該能源價格波動影響較大？
甲、中亞地區　乙、歐洲地區　丙、北美地區　丁、亞太地區
(A) 甲乙　　　(B) 甲丙　　　(C) 乙丙　　　(D) 乙丁

29-30 為題組

◎ 經濟全球化使人們能夠不受產季限制，享用世界各地的時令水果。例如，每年 11、12 月前後的英國大型量販店常可見到空運來此的當季荔枝。請問：

29. 英國大型量販店進口的荔枝，最有可能來自下列何處？
(A) 臺灣　　　(B) 紐西蘭　　(C) 玻利維亞　　(D) 馬達加斯加

30. 熱帶水果可在英國大型量販店販售，主要是受下列哪種因素的影響？

(A) 公平貿易　　(B) 交通革新　　(C) 綠色革命　　(D) 全球在地化

31-32 為題組

◎ 圖 8 的黑點為某種能源供應設施分布圖。

　 請問：

31. 該設施最有可能是
　　下列何者？
　　(A) 水力發電廠
　　(B) 風力發電廠
　　(C) 核能發電廠
　　(D) 太陽能發電廠

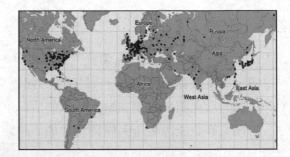

圖 8

32. 斷層錯動是造成地震的主要原因，某研究機構擬評估地震災害對該設施的潛在衝擊，需利用地理資訊系統的哪項空間分析功能？

(A) 地勢分析　　(B) 環域分析　　(C) 路網分析　　(D) 視域分析

33-34 為題組

◎ 「近年來，歐洲難民成為歐盟的重大難題。根據統計，2015 年上半年抵達義大利、希臘、西班牙和馬爾他的移民總數已達 63,000 多人，多數來自厄利垂亞（Eritrea）、索馬利亞、奈及利亞、甘比亞和敘利亞、伊拉克、阿富汗等國。這些移民為了追求更好的生活，逃離戰火和貧窮，不斷經由陸路或海路進入歐洲。然而，遷徙的過程並非一帆風順，僅 2015 年 4 月地中海即發生 5 宗船難，釀成 1,200 人喪生的慘劇。」請問：

33. 這些難民的原居住地,最盛行的宗教信仰為何?

(A) 印度教　　　(B) 基督教　　　(C) 東正教　　　(D) 伊斯蘭教

34. 根據人口推拉理論,文中的船難事件屬於下列何種人口遷移因素?

(A) 推力因素　　　　　　　(B) 拉力因素

(C) 中間阻礙因素　　　　　(D) 人口轉型因素

35-36 為題組

◎ 有一種原始的農業活動常見於東南亞、剛果盆地與亞馬孫盆地。請問:

35. 從事該種農業活動的地區景觀,最可能具有下列何種特徵?

(A) 農業聚落的規模大　　　(B) 乾季末期常見到焚林墾地

(C) 單位土地贍養力大　　　(D) 農家常利用獸力幫忙耕作

36. 在這些區域內最常出現哪種市場取向的農業活動?

(A) 酪農業　　　　　　　　(B) 混合農業

(C) 綠洲農業　　　　　　　(D) 熱帶栽培業

37-38 為題組

◎ 臺灣河流短促、河床坡陡,河流侵蝕作用劇烈,河流的輸砂量大。請問:

37. 河流輸砂在河流堆積作用下可能形成下列哪些地形?

甲、瀑布　　　乙、沙丘　　　丙、沖積扇　　　丁、氾濫平原

(A) 甲乙　　　(B) 乙丙　　　(C) 丙丁　　　(D) 甲丁

38. 歷年來水庫與攔沙壩的大量興建，造成河流輸砂減少，最可能直接造成下列哪種地形的面積縮減？
(A) 壺穴　　　(B) 海階　　　(C) 河階　　　(D) 濱外沙洲

貳、非選擇題（占 24 分）

說明：共有三大題，每大題包含若干子題。各題應在「答案卷」所標示大題號（一、二、……）之區域內作答，並標明子題號（1、2、……），違者將酌予扣分。作答務必使用筆尖較粗之黑色墨水的筆書寫，且不得使用鉛筆。每一子題配分標於題末。

一、臺灣為了保護國家特有之自然風景、野生動植物及史蹟，目前已設置 9 座國家公園。請問：

1. 台江國家公園除了濕地及海灘外，還具有哪兩類主要的海岸地形景觀？（4分）

2. 哪座國家公園內可見到石灰岩地形中的滲穴景觀？（2分）

3. 清朝郁永河曾經於目前哪座國家公園內採集硫磺？（2分）

二、圖 9 四個線段分別為非洲幾內亞灣以北，甲、乙、丙、丁四個區域的降水量與緯度分布關係圖。請問：

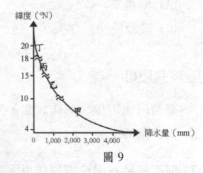

圖 9

1. 依序寫出甲、乙、丙、丁的自然景觀帶？（2分）

2. 近年來丙區的土地利用因農牧地擴張，造成土地退化（沙漠化），其主要根本原因為何？（2分）

3. 甲區哪種國際貿易作物產量約占全球 2/3？（2分）此種作物的種植除自然環境適合外，分布於此區的原因為何？（2分）

三、 圖 10 為某一地點的空中側拍影像，圖 11 為 Google 地球所提供
　　之現今的遙測影像，圖 12 為過去「1:25000 地形圖」的縮圖。
　　圖 12 左上和右下格點的 TM2 坐標分別為（250000, 2747000）、
　　（255000, 2743000），圖 11 與圖 12 範圍一致。請問：

1. 圖 10 這張照片的拍攝者是往哪個方向拍攝（八方位）？
　　（2分）

2. 根據圖 10 的地景，比較圖 11 與圖 12 的資訊，高鐵車站位於
　　圖 12 中哪個方格內（請寫出該方格左上角 TM2 坐標）？
　　（2分）

3. 圖 12 所包含的地表面積為多少平方公里？（2分）

4. 比較圖 11 與圖 12 的資訊，這幾年間最主要的土地利用變遷
　　狀況（面積改變量最大）為何？（2分）

圖 10

圖 11

圖 12

106年度指定科目考試地理科試題詳解

壹：選擇題

1. **A**

   【解析】 附圖地區位於北半球（7月均溫＞1月均溫）、降雨季
   節分布為夏乾冬雨，故可得知此為溫帶地中海型氣候，
   應選 (A)。

   甲為地中海型農業（天然牧草、農牧並行以農業為
   主），主要分布於溫帶地中海型氣候區；乙為酪農業
   （人工牧場、乳品加工廠），主要分布於較冷濕的溫帶
   氣候區（北美五大湖區及新英格蘭、西北歐各國、澳
   洲東南沿海、日本北海道等）；丙為混合農業（人工牧
   草、農牧並行以牧業為主），主要分布於雨量適中、雨
   季和生長季配合的平坦地區（美國玉米帶、歐洲的平
   原地帶、南美彭巴區玉米小麥帶、澳洲東南墨累大令
   盆地的牧草小麥帶等）；丁為熱帶栽培業（作物經初級
   加工場），主要分布於高溫多雨的熱帶、副熱帶沿海、
   河谷平原或丘陵等地區。

2. **B**

   【解析】 澎湖群島因地勢低平不利抬升氣流，年雨量不到 1,500
   毫米 → 屬於全年缺水區，降雨量小於可能蒸發散量，
   缺水程度甚高。

   【補充】 除了澎湖之外，臺灣各區為年降雨量大於蒸發散量的
   剩水地區；西南部地區的嘉南平原和高屏沿海地區，
   因冬、春季位於盛行風背風側，故降雨量少於蒸發量
   （缺水）。

3. **A**

【解析】　印尼地區因氣候濕熱、便利的海運及充裕低廉的勞力
　　　　　等條件，再加上自身自然環境限制平原面積小且破碎，
　　　　　土地成本較高導致轉種經濟作物的情況盛行。該地區
　　　　　以熱帶栽培業為主（易受國際市場價格波動影響），且
　　　　　人口眾多故面臨供需失衡等糧食危機。

4. **A**

【解析】　題幹所述『由美國的西雅圖發跡，然後傳播至美國各
　　　　　大都市，再流行到世界其他都市』符合階層型擴散模
　　　　　式，故選 (A)。
　　　　　(A) 屬階層型擴散：循著都市等級擴散（大都市間互動
　　　　　　　較為頻繁，因此容易先擴散至大都市，再依序向周
　　　　　　　圍中小型都市擴散）；
　　　　　(B) 屬擴張型：由起源地向外散布而擴大其分布區域；
　　　　　(C) 綜合型：疫區不斷擴張，且具有空間移動性（新舊
　　　　　　　疫區部分重疊；最常見的模式）；
　　　　　(D) 屬擴張型。

5. **A**

【解析】　印度擁有數理資訊人才且工資相對廉價，再加上與美
　　　　　國西部矽谷時差 13.5 小時（跨時區接力生產）等發展
　　　　　高科技產業的優勢。全球化的時代，跨國企業在比較
　　　　　利益的前提下，將各部門設置在最適宜的區位已達到
　　　　　國際分工後的成本最佳化配置，故選 (A) 甲乙丙。

6. **C**

【解析】 題幹所述『礫石多呈橢圓狀』可知該區有較佳的淘選度，故可刪除 (D) 落石堆（淘選度較差）；『台地』與位於海陸交界的 (A) 潮埔、(B) 沙灘不符，故不選。

7. **D**

【解析】 咖啡為熱帶栽培業作物，透過企業化、專業化且集約經營為該區帶來龐大資金收入，其風險為作物種類單純、農場規模大，極易生產過剩（常受國際價格波動影響）。

8. **B**

【解析】 1. 建蔽率 = 建築物的垂直投影面積 / 基地面積 × 100%
→ 比率愈低則空地愈大
題幹已給定 2,000 平方公尺的都市土地（基地面積）及法定建蔽率為 20%（建蔽率），將建築基地的面積設為 X，故可得 20% = X / 2000 × 100%
→ X = 400（平方公尺）

2. 容積率 = 建築物樓地板面積總和 / 基地面積 × 100%
題幹已給定 2,000 平方公尺的都市土地（基地面積）及容積率為 225%，將法定的樓地板面積設為 Y，故可得 25% = Y / 2000 × 100% → Y = 4500（平方公尺）

9. **C**

【解析】 印度及紐西蘭皆為英國海外殖民時期的殖民地；印度德干高原西北部因火山熔岩風化發育成肥沃黑棉土且氣候較為乾燥（產棉花））；紐西蘭南、北兩島的東側坡地位於盛行風背風側雨量較少（牧羊），故選 (C) 印度、紐西蘭。

10. **B**

【解析】 附圖為冷、暖氣團相交界的滯留鋒面壟罩全台，故選 (B) 5-6 月的梅雨季。

11. **C**

【解析】 由『領取網購的書籍與票卷，和換領行、駕照』可知此為（丁）資訊化社會結合網路作業及實體物流的服務；由『冬季聚集在便利商店吃熱食……愈多』、『許多偏鄉……廣大停車場』可知便利商店的服務會因不同地區做調整，符合（丙）市場機制的意義。

12. **A**

【解析】 聖嬰現象乃是每隔數年太平洋東岸氣壓相對減低，西岸氣壓相對增高造成東南信風微弱，導致南美西岸的湧升流減弱或消失（水溫增、漁獲減等影響）→ 導致太平洋西岸（印尼、澳洲北部）相對高壓，出現乾旱等現象，故選 (A) 澳洲、發生乾旱。(D) 祕魯、發生水患符合聖嬰現象的情況，但祕魯並非小麥主要出口國，故不選。

13. **D**

【解析】 附圖『病媒蚊』的曲線為誘答（瘧疾與登革熱）。從數線變化觀察鄰近地區病例的高峰（先）與當地本土病例的高峰（後），可推知此傳染疾病在時間上的推移與空間上的變化，而當地病媒蚊數量的高峰卻是最晚發生（與該傳染病關聯性較低），故應選 (D) 流行性感冒。

14. **C**

【解析】 『提升其「糧食區域自給」的能力』及『將「主銷區」改稱為「非主產區」』這兩個概念符合 (C) 分散糧食供應來源,以降低糧食分配及供需不均等問題。

15. **C**

【解析】 臺北市為全臺人口密度最高的地區,不符合附圖所述,故不選（甲）;高雄市除了部分高技術產業之外,其都市機能以運輸倉儲為主,對於勞務需求量大,與其敘述不符,故不選（丙）。

16. **B**

【解析】 題幹所述位於『歐洲』、『向北擴散』、『有向高海拔地區擴散的趨勢』,可推測位於北半球的歐洲,向北（較高緯度）或向高海拔地區的擴散情況與氣溫變動有關連,故選 (B)。

17. **C**

【解析】 題幹所述為該都市經過數十年發展後的景觀變化,左上與右下的市容在街道規劃、大樓天際線等等都有明顯的差異,故可判斷應是 (C) 都市更新後市容重整,隨著建蔽率的縮減、容積率的提升等變化使得開放空間變多（『街道寬闊,公共空間大』）、高樓大廈林立。

18. **C**

【解析】 『需先就居民生活、自然、社會等層面,以科學、客觀、綜合的調查、預測與分析』符合地理學中區域複合體分析的 (C) 環境影響評估概念,故選之。

19. **A**

【解析】 欲『透過地圖比較各國家的面積大小』應選擇投影後面積誤差較小的莫爾威相應數學投影（等積特性），其判斷依據為中央經線為直線，其餘經線為拋物線，且緯線皆為平行直線，故選 (A) 甲。

20. **C**

【解析】 附圖為風花圖（雷達圖），用以表示某地在某個時期的風向、風速出現頻率；圖中線條方向代表風向。題幹所述風力發電機應設立在盛行風處發電效率較高，故選 (C) 南南西。

21. **C**

【解析】 依據臺灣的主要地形分布可知：(A) 花蓮、(D) 臺東以山地為主；(B) 苗栗以丘陵為主；(C) 彰化以平原為主。故海平面上升 5 公尺後，被淹沒的土地面積占該縣總面積的比例最高者應為 (C) 彰化。

22. **D**

【解析】 (D) 多角化經營為企業為分散風險、開發不同市場而發展多品種或多種經營的長期謀劃，符合題幹所述故選之。

題幹敘述並未提及 (A) 客製化概念；衛生紙產品廠商跨足清潔用品的產銷不符合上、中、下游的部門垂直整合概念；(C) 工業慣性的定義為當工廠間已形成緊密的連鎖關係後，即使有其他更好的區位工廠也不易遷離，與題幹敘述不符。

23. **B**

【解析】 世界遺產可分爲文化遺產、自然遺產、複合遺產三大
類。文化遺產的維護對象爲人類文化發展相關的景觀，
例如：紀念物、建築群、多元文化傳統聚落或土地利
用等，故選 (B)。

24. **B**

【解析】 臺灣位於板塊交界帶，新褶曲地形使得坡陡流急、地
質脆弱，再加上水庫集水區的不當開發利用，容易造
成豪大雨過後沖刷大量泥沙等物質進入壩體內，使得
自然水系統無法正常運作。

25. **A**

【解析】 生態印跡指支持每個人生命所需的生產土地與水源面
積，其大小與一地的生活水準成正比，故經濟越發達、
生活水準越高則生態印跡越大。題幹所述的四個區域
中東歐的發展相對較落後，故生態印跡較小。

26. **B**

【解析】 題幹所述的 TM2 投影座標系統爲橫麥卡托二度分帶投
影，是以 121°E 爲中央經線，以 120°E 到 122°E 爲投
影帶所會成。其座標原點爲東經 121 度和赤道相交會
處，往西移動 250,000 公尺的位置 → 故原點與中央經
線 121°E 相距 250,000 公尺，題幹所述四點的位置應
選 (B) 甲丙丁乙。

27. **D**

【解析】　俄羅斯的天然氣公司擁有世界規模最大的管線運輸網，供應昔日各盟國與西歐、中歐與東歐等地。

俄克蘭由於地處輸氣管線過境的中樞地位，過往享有天然氣優惠價格，然而自 2005 年起因政治立場與俄逐漸疏離，導致俄、烏兩國時常爆發衝突。

28. **A**

【解析】　俄羅斯挾天然氣出口的優勢，以差別價格策略，對「去俄化」國家加價；並控制哈薩克、烏茲別克與土庫曼等天然氣輸出歐洲的輸氣管線，雖然近年來中亞各國積極與西方國家合作開發油氣田與修建管線，但短期內仍由俄羅斯主導大局。

29. **D**

【解析】　荔枝屬於副熱帶果樹（夏季為其主要產季）且題幹所述『每年 11、12 月……當季荔枝』，故應選位於南半球副熱帶地區的 (D) 馬達加斯加。

30. **B**

【解析】　交通革新後，冷藏技術的進步及單位運費下降使得熱帶水果可以在英國量販店販售。

新鮮的荔枝一般以低溫高濕（攝氏二至四度，濕度 90% 至 95%）保存。亦有配合使用氣調，降低氧氣比例以減慢氧化。

31　**C**

【解析】　(C) 觀察附圖分布後發現其分布點與自然環境的關聯較少，且多為已開發國家，其中歐洲（法國等國）及北美洲分布較多，故選 (C) 核能發電廠。

(A) 水力發電廠的分布可搭配行星風系去思考，信風帶及西風帶的盛行風地形雨以及 I.T.C.Z. 季移的影響地區；

(B) 風力發電廠的分布除了信風帶及西風帶等地區之外，季風氣候區也應注意；

(D) 太陽能發電廠較適宜設置在雲霧日數少的乾燥地區。

32　**B**

【解析】　斷層線的緩衝區劃定符合環域分析之定義，故選之。

環域分析：劃定與目標物（點、線，面）一定距離的水平範圍變化。

(A) 地勢分析：用以分析地形等垂直高度變化，例如：(D) 視域區、淹水範圍等；

(C) 路網分析主要用於最佳路徑分析與區位分派模式。

33.　**D**

【解析】　厄利垂亞（Eritrea）、索馬利亞、奈及利亞、甘比亞和敘利亞、伊拉克、阿富汗等國位於中東地區，主要的宗教為伊斯蘭教。

34. **C**

【解析】 在人口移動過程中可能影響遷移活動的因素即爲推拉理論的中間阻礙因素，例如：遷移距離、移民限制、個人性格、適應能力、遷移費用過高等。題幹所述的船難事件使得人口遷移無法順利完成，故選 (C)。

35. **B**

【解析】 熱帶雨林（剛果盆地與亞馬孫盆地）、熱帶季風林等高溫多雨區的原始農業活動爲游耕，放火焚林、闢地耕種，因該淋溶作用盛行，導致土壤貧瘠、養份易流失，故需不斷遷徙耕地。

36. **D**

【解析】 熱帶雨林（剛果盆地與亞馬孫盆地）、熱帶季風林等高溫多雨區常出現大規模栽培現金作物（例如：咖啡、可可、橡膠等）以輸出牟利的 (D) 熱帶栽培業。

37. **C**

【解析】 丙、沖積扇與丁、氾濫平原皆屬河積地形，故選 (C) 丙丁。
甲、瀑布成因爲軟硬岩差異侵蝕、斷層作用、冰河懸谷這三類；乙、沙丘爲風積作用。

38. **D**

【解析】 (D) 河川中上游大量興建水庫與攔沙壩使得侵蝕基準面上移，將導致下游輸沙量減少，使得 (D) 濱外沙洲面積逐漸縮減。

貳、非選擇題

一、 1.【答案】 潟湖、沙洲

　　　【解析】 台江國家公園位於臺灣西南沿海，屬沙岸地形。

　　 2.【答案】 墾丁國家公園

　　　【解析】 滲穴爲石灰岩幼年期地形

　　 3.【答案】 陽明山國家公園

　　　【解析】 陽明山國家公園有豐富的火山資源。

二、 1.【答案】 甲：雨林、乙：莽原、丙：草原（撒赫爾過渡
帶）、丁：沙漠

　　　【解析】 依緯度分布搭配行星風系即可判斷所屬的氣候帶
之自然景觀。

　　 2.【答案】 人口增加

　　　【解析】 人口增加造成土地過度使用而使得土地荒漠化加
劇。

　　 3.【答案】 可可、殖民地式經濟（依賴式經濟）

三、 1.【答案】 西北

　　 2.【答案】 (25300, 274500)

　　 3.【答案】 20 平方公里

　　　【解析】 「1:25000 地形圖」的一個網格邊長爲 1 公里 → 一
個網格面積爲 1 平方公里，20 格即爲 20 平方公里

　　 4.【答案】 河道兩側由水田轉爲都市用地

106 年大學入學指定科目考試試題
公民與社會考科

一、單選題（占 78 分）

說明： 第 1 題至第 39 題，每題有 4 個選項，其中只有一個是正確或
最適當的選項，請畫記在答案卡之「選擇題答案區」。各題
答對者，得 2 分；答錯、未作答或畫記多於一個選項者，該
題以零分計算。

1. 1948 年聯合國公布《世界人權宣言》，主張人生而自由，在尊嚴
和權利上一律平等，但後來又強調如原住民族等特定群體應享有
特殊權利。下列敘述何者最能說明上述人權主張的改變？
   (A) 國際政治常處於無政府狀態，因此出現前後矛盾之人權主張
   (B) 人權實現須關切不同生活處境群體之所需，以擴大人權內涵
   (C) 人權內涵雖具普世性，特定群體的權利主張不適用於多數國家
   (D) 人權宣言偏重於捍衛生命權，特殊群體的權利則較重視政治權

2. 我國媒體業蓬勃發展，媒體報導內容是社會關注的問題。請問以
下關於媒體報導的敘述，何者最為正確？
   (A) 媒體可以報導自家附設民調部門的民調結果，不用迴避
   (B) 媒體報導涉及公眾事務時，引用民眾意見比官方消息好
   (C) 媒體報導爭議事件時需先經政府審查，以確保內容無誤
   (D) 媒體屬第四權，為維持獨立性，報導內容不受法律限制

3. 秀偉為了撰寫瓷器發展史的報告，走訪多間瓷器買賣店家，透過
訪談，瞭解到收藏家會依照製作瓷器年代與工藝手法等因素，將
瓷器區分等級，而擁有昂貴瓷器也成為地位象徵。依據前述調查，
下列何者正確？

(A) 擁有不同等級的瓷器，是強調文化位階，不存在生活風格差異

(B) 擁有昂貴的瓷器，可以彰顯其社會階層，但無法累積經濟資本

(C) 瓷器變成地位的象徵，主要是強調經濟資源與文化資本的作用

(D) 收藏家收集昂貴瓷器，其所展現的生活品味乃是屬於大眾文化

4. 我國自從 1984 年實施《勞動基準法》以來，至今已有三十餘年的歷史。關於我國《勞動基準法》的敘述，下列何者最為正確？

(A) 立意在維護雇主的權益，確保勞動市場穩定與提供勞動機會

(B) 透過勞動條件的最高標準規定，以保障受雇者的權益與福利

(C) 明確規定勞資雙方的權利與義務，用以作為解決糾紛的依據

(D) 明訂受雇者必要時可組織工會或舉行罷工，以爭取勞工權利

5. 我國於 2008 年開辦「國民年金」保險制度，進入全民保險的時代。關於此一制度，下列敘述何者正確？

(A) 國民年金具強制性，人人都必須參加

(B) 納保人年滿 65 歲且為低收入者即可請領老年年金

(C) 國民年金重視老年經濟安全保障，但也包含生育給付

(D) 國民可於國民年金保險與全民健康保險二者擇一納保

6. 依據我國《刑法》，一般對強制性交罪採「非告訴乃論」為原則，夫妻間的性侵害則屬例外情況，而以「告訴乃論」。假設下表為我國法務部對於性侵案件以及定罪率（起訴或告訴案件成功定讞的比率）統計資料，據表判斷，下列敘述何者最為正確？

	全部性侵害事件合計	夫妻關係間的性侵事件	其他社會關係間的性侵事件
案件數／案件比率	600 件／100%	180 件／30%	420 件／70%
最終定罪數／定罪率	390 件／65%	72 件／40%	318 件／76%

(A) 全部性侵事件定罪率不超過七成，顯示現行法律規定過於寬鬆

(B) 夫妻關係間性侵事件的定罪率較低，顯示夫妻間較不易發生
性侵事件

(C) 其他社會關係間的性侵事件定罪率最高，是因爲其犯罪舉證
比較容易

(D) 若夫妻關係間性侵事件改爲非告訴乃論，則此類性侵案件數
可能增多

7. 志明爲了撰寫意識型態專題報告，蒐集了聖西門（Comte de
Saint-Simon）、歐文（Robert Owen）等人資料，以及有關工業革
命後童工問題等照片。據此判斷志明撰寫主題最可能爲何？
(A) 自由主義　　　　　　　　(B) 社會主義
(C) 保守主義　　　　　　　　(D) 無政府主義

8. 某國政黨輪替後，與前執政黨相比，新任政府在社會安全相關預
算支出上有顯著轉變。下表爲相關支出數據之各年平均值。

單位：億

	急難救助金 支出	生活扶助金 支出	租屋津貼 支出	就業保險 支出
前執政黨	850	2800	1800	1300
新任政府	840	2785	560	450

依據表中的資訊，下列對於該國社會安全制度轉變之敘述，何者
最爲正確？
(A) 大幅限縮社會救助之支出金額
(B) 逐步建構全民共同扶助之體系
(C) 改以保障人民最低生活所需爲主
(D) 降低民間協力投入社會福利之比例

9. 王美美今年 60 歲，已在同一戶籍地，連續四次當選公職人員，
   她在即將屆滿時又登記參加下一屆縣長選舉，希望能以 16 年的
   豐富經驗繼續服務鄉里。假設鎮長、縣議員、縣長選舉都同時舉
   行，且任期相同，根據我國《公職人員選舉罷免法》相關規定，
   下列何者最可能是王美美過去 16 年的公職歷程？
   (A) 縣長、縣長、縣長、鎮長
   (B) 鎮長、鎮長、鎮長、縣議員
   (C) 縣議員、縣議員、縣長、縣長
   (D) 縣議員、鎮長、縣議員、縣長

10. 某國政府對「核能發電」議題進行長期的民意調查，下表為 1995
    年至 2015 年間，每隔 5 年的調查結果統計資料。下列關於該國民
    意在「核能發電」議題的變遷趨勢，何者正確？

    單位：%

意見＼年度	1995	2000	2005	2010	2015
支持	69.7	61.5	58.4	45.6	40.1
不支持	11.2	13.9	20.3	30.8	40.6
不支持也不反對	19.1	24.6	21.3	23.6	19.3

    (A) 從鐘型曲線轉變為一致性支持占多數的意見
    (B) 從 U 型曲線轉變為一致性支持占多數的意見
    (C) 從一致性支持占多數轉變為鐘型曲線的意見
    (D) 從一致性支持占多數轉變為 U 型曲線的意見

11. 從 1978 年中國大陸採改革開放政策後，不僅讓經濟快速成長，
    也對社會發展產生極大的影響。關於此種改變，下列敘述何者正
    確？

(A) 改革開放前後相比，中國大陸沿海與內陸差距已經大幅縮小

(B) 由於引入市場經濟，中國大陸官方已承認其爲資本主義體制

(C) 加入世界貿易組織後，中國大陸調整經濟政策以因應全球化的發展

(D) 改革開放之後由於朝向市場經濟發展，已開放土地所有權的私有化

12. 北大西洋公約組織（簡稱北約）與華沙公約組織（簡稱華約）是國際政治相互抗衡的代表，北大西洋公約組織目前仍維持一定的運作，日前美國總統川普（Donald Trump）訪問歐洲時，也向同屬北約的歐洲國家提出分攤經費支出的要求。請問下列何者爲當年北約組織與華約組織成立的國際政治背景？

(A) 二次大戰期間軸心國與同盟國之間對抗的延續

(B) 冷戰期間美國陣營與蘇聯陣營集團對抗的延續

(C) 冷戰期間第三世界國家與美國蘇聯對抗的延續

(D) 1970 年代南方國家與北方國家貧富對抗的延續

13. 通常學者將公共政策從政策規劃到政策完成的歷程，界定出政策規劃、政策合法化、政策執行、政策評估的不同階段。下列何者對前述公共政策過程的描述是正確的？

(A) 任何公共政策必定都會經過每個階段

(B) 民意在每一個階段都有可能具有影響力

(C) 政策評估都是在政策已經執行完畢之後進行

(D) 政策合法化是指政策必須經過立法院同意後才能執行

14. 警察爲維護青少年身心健康，得進入網咖等遊樂場所進行臨檢。依據現行臨檢的規定，警察的何種作法是**不合法**的？

(A) 在夜間、星期日或其他休息日實施臨檢

(B) 規勸深夜在網咖逗留之青少年及早返家

(C) 要求貌似未成年的消費者出示身分證件

(D) 命令現場所有客人打開皮包檢視有無毒品

15. 小張是 16 歲住校學生，與室友阿朱因細故交惡，小張心有不甘，便於社群網站張貼阿朱熟睡照片與辱罵阿朱的圖文。後來阿朱要求小張道歉及賠償，卻遭他拒絕。依據《民法》的規定，以下何者是阿朱維護人格權時合法且最有利的主張？

(A) 要求小張公開道歉並由小張獨自賠償阿朱精神損害

(B) 請求宿舍舍監、班導師及學校校長與小張一起賠償

(C) 要求小張公開道歉並由小張及其父母連帶負賠償阿朱精神損害責任

(D) 請求學校懲處小張，並以其代替阿朱輪值打掃宿舍廁所的方式賠償

16. 藝人阿鳴車禍身亡，某記者未得死者家屬同意，擅自翻拍現場散落之死者生前照片並刊載於報紙。記者翻拍的照片原係某攝影師因廣告之需所拍攝，而後交予阿鳴挑選以供廣告之用。關於上述記者翻拍及刊載的行為，下列敘述何者正確？

(A) 拍攝阿鳴生前照片之攝影師，其照片之著作權因遭記者翻拍刊載而受侵害

(B) 拍攝阿鳴生前照片之攝影師，因阿鳴身亡而不得主張照片之著作權受侵害

(C) 阿鳴不因身亡而喪失人格權，記者須得死者家屬之同意，始可翻拍其照片

(D) 阿鳴生前具藝人身分，對隱私之期待不同於一般人，記者可任意翻拍刊載

17. 阿麗與 18 歲的阿雄是男女朋友，阿麗因 20 歲的阿國介入而疏遠
　　阿雄；阿雄憤而約阿國談判，二男約定以打架解決，結果阿雄打
　　傷阿國。關於阿國、阿雄的權利主張，下列敘述何者正確？
　　(A) 二男約定打架解決，契約成立，傷者阿國只能自認落敗，無
　　　　法對阿雄主張權利
　　(B) 縱二男約定打架解決，因屬非法，傷者阿國仍得依法對阿雄
　　　　主張侵權損害賠償
　　(C) 若阿雄打架時因閃過阿國攻擊而打傷阿國，即是正當防衛，
　　　　可主張阻卻賠償責任
　　(D) 打架獲勝的阿雄依約定可要求阿國遠離阿麗，且阿雄未成年，
　　　　故無須負賠償責任

18. 在只有甲、乙兩國的世界中，已知甲國是手機的出口國，乙國是
　　手機的進口國。當甲國國內對手機的需求提高時，在不影響原有
　　進出口的型態下，下列何者正確？
　　(A) 甲國手機的出口供給減少
　　(B) 乙國手機的進口需求上升
　　(C) 國際間手機的交易數量上升
　　(D) 國際間手機的交易價格下降

19. 經濟發展需要多項要素的投入與密切配合。以下有關各項要素的
　　敘述，何者正確？
　　(A) 機器、廠房、設備是經人為製造而得，屬於人力資本
　　(B) 個人之公德心、群體的互信與共同價值屬於社會資本
　　(C) 自然資源有限，因此缺乏的國家，其國民所得必然偏低
　　(D) 企業才能為經營者之教育程度，程度越高獲利能力越大

20. 經濟學中的公共財與私有財，分屬兩種性質不同的財貨。下列有
　　關這兩種財貨的敘述，請問何者正確？

(A) 公海中的魚蝦是公共財，因為其具有共享性與不可排他性

(B) 個人擁有之汽車是私有財，因為其具有獨享性與可排他性

(C) 國營事業所生產的產品為公共財，因為其不為私人所擁有

(D) 公共財若由市場決定產量與價格，則經濟效率可達到最高

21. 商業銀行（銀行）與民間標會（標會）為借貸市場資金借貸與運用的管道。有關兩者的比較，下列敘述何者正確？

(A) 銀行與標會都會依照規範的程序，審查借款人或會員的信用狀況

(B) 存款與標會均可隨時提領或投標，兩者在取得資金的方便性相同

(C) 銀行有加入存款保險制度，資金存放於銀行受保障的程度較標會高

(D) 銀行的規模較標會大，故營運成本較低，使存款之報酬較標會為低

22. 鑑於物價的上漲，我國勞動部欲以調高基本工資的方式，減輕通貨膨脹對勞工的影響。請問以下有關基本工資的敘述，何者正確？

(A) 係以勞工的生產效率作為調整依據

(B) 為一種對於基層勞工有利的數量管制政策

(C) 我國係以《勞工保險條例》為法源

(D) 勞工整體失業人口會隨基本工資調高而增加

23. 若中央銀行（央行）透過貨幣政策擴大整體社會的貨幣流通數量，請問下列何者為將會出現的結果？

(A) 提高物價的水準　　　　　(B) 提高貨幣的購買力

(C) 降低民眾對於商品的需求　(D) 央行可能出現虧損而破產

24-25 為題組

社會流動分為兩類，一類是因為職業結構改變，造成父親與子女兩代之間階級地位發生變化；另一類則是不同階級背景對個人流動機會所造成的影響。下表為甲國在兩代之間不同階級分布的資料。

24. 根據表中資訊，下列敘述何者正確？

單位：%

父親＼子女	自營階級	中產階級	工人階級	務農階級	合計
自營階級	8	11	8	0	27
中產階級	2	13	6	0	21
工人階級	2	12	16	1	31
務農階級	3	8	7	3	21
合　　計	15	44	37	4	100

(A) 自營階級家庭的子女多數繼續成為自營階級
(B) 階級複製的現象在中產階級和工人階級最不明顯
(C) 務農階級家庭子女成為中產階級的比率稍大於成為工人階級
(D) 子女這一代的中產階級主要來自工人階級與務農階級的家庭

25. 根據表中資訊，下列關於兩代間社會流動的敘述，何者正確？
(A) 中產階級在兩代人口中所占比率沒有顯著改變
(B) 與父親那一代相比，子女成為自營階級的比率減少
(C) 工人階級所占比率降低，與自營階級比率增加有關
(D) 由於少子化與人口老化，導致務農階級所占比率降低

26-27 為題組

　　某個內閣制國家，其國內有四個政黨，該國規定政黨贏得國會席次之後，如果沒有任何一黨擁有過半席次，即可以組織聯合政府。此次該國國會大選後，各黨的席次比率如下：甲黨：38%；乙黨：27%；丙黨：24%；丁黨：11%。

26. 根據上述資訊推論，下列有關該國政府的組成與選舉制度之敘述，何者正確？
　　(A) 丁黨只有 11% 的席次，無法成為聯合政府的一員
　　(B) 甲、乙兩大政黨若要競逐組閣，都需要丙黨的支持
　　(C) 該國四個政黨的席次率相近，其選舉制度應為比例代表制
　　(D) 甲黨的席次率遠高於丁黨，該國的選舉制度應為單一選區相對多數決制

27. 有學者定義「最小勝利聯盟」為「只要有一個政黨離開，聯合政府的席次就不會過半」。請問下列哪些組合完全符合「最小勝利聯盟」的定義？
　　(A) 甲乙、甲丙、乙丙　　　　　(B) 甲丙、乙丙、甲乙丁
　　(C) 甲乙、甲丙丁、甲乙丁　　　(D) 甲丙、乙丙、乙丙丁

28-29 為題組

　　隨兩岸開放貿易與投資，讓臺灣與中國大陸在進出口與資金移動方面關係愈加緊密。同時，以兩岸分治的現實而言，經貿互動關係也無法單純由國際經濟的角度來思考。

28. 以兩岸分治的現實而言，以下關於兩岸經貿關係的論述，何者<u>不正確</u>？
　　(A) 臺灣對中國大陸經貿依存度越高，在政治上受其影響的程度相對會越低

(B) 臺灣商人進行兩岸貿易，雖有語言優勢但也會受非經濟之政治風險影響

(C) 若中國大陸對臺灣經濟的依賴度提高，會影響其以武力統一的經濟成本

(D) 臺灣與中國大陸各自的國家安全疑慮，可能隱藏在兩岸經濟貿易活動中

29. 從經濟分析的觀點，關於兩岸經貿互動對臺灣的可能影響，下列敘述何者正確？

(A) 因臺灣產業外移至中國大陸投資而失業且轉業困難者，屬於循環性失業

(B) 隨外資湧入中國大陸致使工資、租金提高，將會同時帶動臺灣物價上揚

(C) 國際油價因中國大陸石油需求提高而上漲，讓臺灣面對輸入型通貨膨脹問題

(D) 臺灣股價與中國大陸股票市場股價指數的連動提高，此現象屬非系統性風險

30-31 為題組

17 歲的甲心情不佳，因而邀 18 歲的乙騎車閒晃，找人洩憤。兩人於半路隨機砍殺路人丙，導致丙死亡。事後，警方逮捕甲、乙，移送檢察署。檢察官就兩人犯行分別向少年法院和地方法院聲請羈押。少年法院裁定甲收容於少年觀護所；地方法院則認為乙所涉及的犯行事證明確，且無羈押必要，裁定無須繳納保釋金即可回家。由於乙是警察之子，丙的家屬認為法院有包庇之嫌，檢方也針對乙未受羈押之裁定提起抗告，高等法院裁定將乙羈押。

30. 按照上述事實，關於甲、乙兩人的刑事追訴，下列敘述何者最為正確？

(A) 地方法院既認為乙的犯行事證明確，就應該裁定羈押

(B) 高等法院裁定羈押乙，顯示地方法院是包庇警察之子

(C) 甲隨機殺人，法院如果沒有判甲死刑，代表司法有改革的必要

(D) 少年法院裁定收容甲，而非羈押，並不表示甲將免於刑事責任

31. 依現代刑法之觀念，關於被害人丙之家屬的保護，下列敘述何者正確？

(A) 立法院應修法將隨機殺人的犯行排除「無罪推定原則」之適用

(B) 行政院法務部應該加快執行死刑，以彌補丙之家屬的心理創傷

(C) 立法院應修法將隨機殺人的犯行訂為唯一死刑，以提高對丙之家屬的保護

(D) 應保障丙的家屬在刑事程序中有陳述意見的權利，並敦促加害人認錯道歉

32-33 為題組

小皮十歲，自幼喪母，由父親教養，經常因偷錢買零食及專注電玩卻疏於學習，屢遭責罵；連續假期時，小皮未按時寫作業仍沉迷於電玩，被父親責打至遍體鱗傷，小皮欲逃往外婆家卻遭父親以鐵鍊綑綁；哀嚎連連為鄰居報警救出。

32. 關於以上父親管教事件，下列敘述何者正確？

(A) 偷錢與沉迷電玩屬不良習性，父親嚴格管教小皮確有其必要，旁人不該介入

(B) 父親嚴格管教未成年子女屬親權行使，何況子不教父之過，管教皆合法正當

(C) 親權行使雖於法有據，但過度打罵子女致傷、剝奪行動自由，均屬違法可議

(D) 偷錢與沉迷電玩屬不良習性，父親嚴格管教出自愛心，雖屬失當，尚無違法

33. 關於兒童管教事件之處置，下列敘述何者**不正確**？
    (A) 偷錢與沉迷電玩固屬不良習性，父親應聯繫老師，盡量以說理取代嚴格管教
    (B) 家暴防治中心依法應予小皮緊急救援、協助診療、驗傷、採證以及緊急安置
    (C) 倘係父親同居人責打並綑綁小皮，因其非小皮親屬即無《家庭暴力防治法》之適用
    (D) 父親嚴格管教未成年子女屬親權行使，但管教過當致傷可能違反《家庭暴力防治法》

34-35 為題組

阿鋒由南部北上，聲援民眾包圍交通部陳情並抗議靜坐，警民對峙數日，臺北市警局在多次警告抗議民眾但其仍不解散後實施驅離，過程中，阿鋒頭部被警棍擊傷。事後阿鋒以員警執法過當對臺北市政府提告，獲法院判賠十萬元，臺北市政府未上訴因而判決確定。

34. 關於上述阿鋒的提告，依我國現行法制，應為下列何者？
    (A) 屬妨害自由的刑事案件　　　(B) 屬公法行政訴願的案件
    (C) 屬公然侮辱的民事案件　　　(D) 屬協議不成的國賠案件

35. 關於上述案件，法院判決書中認定「員警並非不能以優勢警力將原告○○鋒與其他民眾分開，個別抬離現場」，可顯示法院係依何種原則進行裁判？
    (A) 比例原則　　　　　　　　　(B) 誠信原則
    (C) 平等原則　　　　　　　　　(D) 明確性原則

36-37 為題組

下表為 2013 年至 2016 年間，某國的消費者物價指數（CPI）以及個人名目所得的變化情形。

36. 根據表中資料判斷，該國各年度通貨膨脹率的比較，下列敘述何者正確？

年度	CPI	個人名目所得（萬元）
2013	100	210
2014	110	220
2015	120	250
2016	130	260

    (A) 2015 年的通貨膨脹率比 2014 年的高

    (B) 2014 年的通貨膨脹率比 2016 年的高

    (C) 2016 年的通貨膨脹率高於其他年度

    (D) 2015 年的通貨膨脹率低於其他年度

37. 根據該表，下列是有關各年度個人實質所得的比較，何者正確？

    (A) 2016 年個人實質所得高於 2015 年

    (B) 2014 年個人實質所得高於 2016 年

    (C) 2013 年個人實質所得高於其他年度

    (D) 2015 年個人實質所得低於其他年度

38-39 為題組

2010 年歐元區國家與國際貨幣基金會向希臘提供紓困，以免該國出現債務違約問題，但也同時要求希臘政府力行緊縮開支措施。然五年後希臘國內生產毛額（GDP）下跌 25%，再度爆發債務危機，並導致德國、日本、美國與中國大陸等全球主要股票市場之股價指數紛紛下跌。

38. 依據 GDP 的計算內容，請問以上緊縮開支措施造成 GDP 下跌，與下列何者的變化最有關連？

(A) 投資與出口下降　　　　(B) 民間消費與出口下降

(C) 投資下降與進口增加　　(D) 民間與政府消費支出下降

39. 因希臘債務危機而引發全球股票市場下跌的連鎖反應，屬於下列
　　何種現象？

　　(A) 市場風險　　(B) 景氣循環　　(C) 通貨緊縮　　(D) 經濟泡沫化

二、多選題（占 22 分）

說明：第 40 題至第 50 題，每題有 5 個選項，其中至少有一個是正
　　　確的選項，請將正確選項畫記在答案卡之「選擇題答案區」。
　　　各題之選項獨立判定，所有選項均答對者，得 2 分；答錯 1
　　　個選項者，得 1.2 分；答錯 2 個選項者，得 0.4 分；答錯多於
　　　2 個選項或所有選項均未作答者，該題以零分計算。

40. 活躍的公民結社，往往是穩固的民主體制之表現。請問下列哪些
　　敘述較符合公民結社促成民主品質提升的精神？

　　(A) 某青年團體透過網路匯集民意，要求政府落實特定公民主張

　　(B) 某社團法人協助企業界進行創新研發，提升國家經濟競爭力

　　(C) 某志工團體培養各社區民眾具有關切與參與公共事務的能力

　　(D) 某公民團體督促民意代表問政，以提升國會議事與立法品質

　　(E) 某民間社團協助執政黨貫徹政策，減少在野黨的反對與杯葛

41. 民主國家憲政主義的意涵中，最核心的概念之一就是「有限政府」
　　（limited government），下列哪些敘述屬於有限政府的內涵？

　　(A) 政府行政部門必須接受民意機關的監督

　　(B) 政府的作為應該具備法律的授權並依法行政

　　(C) 政府的各項施政必須考量行政體系的能力問題

　　(D) 政府的資源不足，必須對公共政策進行成本效益分析

　　(E) 政府的權力並非無限制擴張，必須受到憲法與法律的約束

42. 某次民調資料顯示，某國民眾對於婚姻移民人數變化的看法，如下表所示。根據該表內容，下列敘述何者正確？

單位：%

	來自甲國的女性配偶	來自乙國的女性配偶	來自其他國的女性配偶
應　減　少	63.3	60.3	45.6
應維持不變	30.4	32.1	41.8
應　增　加	6.3	7.6	12.6

(A) 從整體數據來看，認為應減少女性婚姻移入人口的比例，高於贊成增加者

(B) 針對來自其他國的女性配偶，調查資料顯示，該國民眾普遍對其印象良好

(C) 從應減少的資料來看，來自甲國與乙國的女性配偶在數量上多於其他國女性配偶

(D) 贊成增加來自其他國女性配偶的人數，是贊成增加來自甲國女性配偶人數的兩倍

(E) 對不同國籍婚姻移民的接納態度來看，該國民眾對於甲國或乙國的移民較為支持

43. 某班在課堂上討論我國與法國政府體制的異同，下列是他們討論的結果，哪些是正確的？

(A) 法國總統選舉採取兩輪投票制，而我國總統選舉則是相對多數制

(B) 法國與我國總統皆可任命閣揆，但法國總理的任命須先經國會同意

(C) 法國與我國總統皆有覆議權，而我國總統須經諮詢行政院長始得提出

(D) 法國總統可以直接解散國民議會，而我國總統則可以直接解散立法院

(E) 法國總統可將重大議案提交公民複決，而我國總統僅限於防禦性公投

44. 行政機關為維護公共利益，必要時得限制或剝奪人民之自由及權利，但亦有侵害人權之虞。下列有關行政權行使可能構成侵害人民權利類別的事例，何者正確？
(A) 申請外籍配偶來臺定居遭拒，涉及侵害人身自由權
(B) 罰款未繳清而不准辦理車輛過戶，涉及侵害隱私權
(C) 基於信仰拒服兵役而被處罰，涉及侵害宗教自由權
(D) 走上街頭抗議，遭警察驅離，涉及侵害集會自由權
(E) 申請更改名字遭戶政事務所拒絕，涉及侵害姓名權

45. 某縣市公路高架橋因地震坍塌造成人員傷亡，波及周邊民宅毀損；據調查是因兩年前政府新建公路徵收人民私有地，興建高架橋時未考慮防震因素，施工品質不良，且欠缺有效管理所致。關於政府的作為及其責任的敘述，下列何者正確？
(A) 政府公用徵收私有土地新建公路，應以新建公路所必需，且須依法為之
(B) 人民因私有土地被公用徵收所受損失，政府應依法對相關地主給予賠償
(C) 政府應變震災，應依權責照料傷亡者、安置災區民眾及維持災區之秩序
(D) 公有公共設施因設置或管理有欠缺致人民傷亡財產受損，政府應予補償
(E) 依《國家賠償法》請求損害賠償，須協議不成始得向法院提起國家賠償之訴

46. 下圖爲某國生產稻米與汽車的生產可能曲線（PPC），因技術的改變，生產可能曲線由原先之 PPC_1 變爲 PPC_2。依圖判斷，請問下列敘述何者正確？

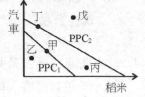

(A) 技術變動後，甲點爲無法達到的生產組合
(B) 技術變動後，乙點爲未充分應用資源的生產組合
(C) 技術變動後，丁點爲可以達到的生產組合
(D) 技術變動前，丙丁兩點爲無法達到的生產組合
(E) 技術變動前，戊點爲可達到且充分運用資源的組合

47-48 爲題組

「合法性」乃民主國家的統治強調依法而治，其在積極面上要求行政行爲必須有法律依據；而在消極面上要求行政行爲不得牴觸法律。然而，法律可能只是反應執政者或是少數精英的利益，甚至違反公平正義原則時，則該統治行爲不具「正當性」。

47. 一般而言，當政府具合法性但不具有正當性時，人民比較不願守法或遵從國家的治理，下列何種方式，有助於政府取得正當性？
(A) 發動修憲行動，讓國家運作合乎人民需求
(B) 聲請司法院大法官釋憲，解決憲政的爭議
(C) 民衆採取司法訴訟向國家求償，爭取權益
(D) 透過選舉產生政黨輪替，表達人民的意志
(E) 透過公民投票，讓人民自主性的表達聲音

48. 上述合法性與正當性有所牴觸時，經常衍生「公民不服從」的議題。下列有關公民不服從的敘述，哪些正確？
(A) 1789 年的法國大革命，乃是公民不服從重要的成功案例

(B) 其過程強調非暴力的作爲，此爲公民不服從的重要內涵

(C) 即使公民不服從有其正當性，行動者仍需承擔法律責任

(D) 公民不服從行動之目的，主要推翻不公不義的國家體制

(E) 屬公民的基本權利，我國《憲法》有專章予以明文保障

49-50 爲題組

某遊樂園出借場地給業者舉辦彩色派對活動，因規劃不周導致玉米色粉發生粉塵爆炸，造成重大傷亡。該遊樂園將設施出借業者辦理活動時，未向主管機關交通部觀光局提出申請，已屬明顯違規。爲此，各地方政府宣布暫時停止所有粉塵相關休閒娛樂活動。

49. 依據中央與地方分權的原則判斷，下列哪些事項與上述遊樂園所屬管轄機關之層級相同？

(A) 阿忠至國稅局送交個人所得稅抵扣憑證

(B) 小華經公務員特考及格分發至地方任職

(C) 小明擬申請某縣市興建之社會住宅抽籤

(D) 阿國成立補習班申請消防安全檢查認證

(E) 老陳依公投法連署申請離島之博奕公投

50. 政府禁止與粉塵相關的娛樂活動後，玉米色粉市場也將受影響而發生變化。在僅有需求或供給發生改變的情況，下列哪些爲該市場可能發生的變化？

(A) 供給增加、價格上升　　(B) 供給減少、數量下降

(C) 需求增加、價格上升　　(D) 需求減少、價格下跌

(E) 需求減少、數量下降

106年度指定科目考試公民與社會考科試題詳解

一：單擇題

1. **B**

【解析】 本題旨在測驗考生二次戰後第三代人權的演進。

   (A) 國際政治並非處在無政府狀態，才有國際建制推動人權宣言。

   (B) 人權觀在二次戰後繼承第一、二代人權往集體人權、文化權方向擴大，符合題旨。

   (C) 二次戰後人權宣言所推廣內涵為普世價值。

   (D) 人權宣言涵蓋政治權、生命權。

2. **A**

【解析】 本題旨在測驗考生媒體識讀中有關媒體業運作的認識。

   (A) 媒體可以報導自家附設的民調機構的調查結果，符合題旨。

   (B) 報導公眾事務時，應平衡引用官方消息與反映民眾意見。

   (C) 政府對於報導內容事先審查將影響媒體自由。

   (D) 媒體雖屬第四權扮演監督政府的重要角色，報導內容仍須受到法律必要的限制。

3. **C**

【解析】 本題旨在測驗考生認知擁有不同文化資本與生活風格的差異關係。

(A) 擁有不同瓷器，除強調文化位階外，明顯存在生活風格差異。

(B) 擁有昂貴的瓷器，除彰顯其社會階層外，更可能進一步累積經濟資本、政治權力等。

(C) 瓷器變成地位的象徵，主要是強調經濟資源與文化資本的作用，符合題旨。

(D) 收藏家收集昂貴瓷器，其所展現的生活品味乃是屬於精緻文化。

4. **C**

【解析】　本題旨在測驗考生《勞動基準法》法律定位與基礎認知。

(A) 立意在維護勞工的權益，保障市場性勞動者的權益。

(B) 透過勞動條件的最低標準規定（如最低工資、最高工時），以保障受雇者的權益。

(C) 明確規定勞資雙方的權利與義務，用以作為解決糾紛的依據，符合題旨。

(D) 組織工會或舉行罷工等勞動權利，規範於《工會法》。

5. **C**

【解析】　本題旨在測驗考生對於「國民年金」保險制度的認知。

(A) 國民年金雖具強制性，但並非人人都必須參加，參加對象為年滿 25-65 歲未參加職業保險者。

(B) 《國民年金法》第 29 條規定，納保人年滿 65 歲即可請領老年年金，不須具備低收入。

(C) 《國民年金法》第 2 條規定，被保險人分別給與老年年金給付、生育給付、身心障礙年金給付、喪葬給付及遺屬年金給付。符合題旨。

(D) 國民年金保險與全民健康保險二者保障內容不同，並非擇一納保。

6. **D**

【解析】 本題旨在測驗考生對於刑事案件起訴與審判程序認知及圖表推論能力。

(A) 定罪率與現行法律規定寬鬆與否無關。

(B) 夫妻關係間性侵事件的定罪率較低，無法顯示是否容易發生夫妻間性侵事件。

(C) 其他社會關係間的性侵事件定罪率最高，亦無法確知犯罪舉證的難易。

(D) 若夫妻關係間性侵事件改為非告訴乃論，檢察官得依職權進行偵查與追訴，則此類性侵案件數可能增多，符合題旨。

7. **B**

【解析】 本題旨在測驗考生對「社會主義」此類政治意識型態的基本認知。

(B) 依題意聖西門、歐文等人為 19 世紀西歐社會主義提倡者，認為社會主義的理想社會應該建築在人類的理性和正義的基礎上，批判資本主義制度，並確信資本主義應當為社會主義所代替。

8. **C**

【解析】 本題旨在測驗考生對社會福利類型認知及圖表推論能力。

(A) 依表可推論大幅縮減的項目爲租屋津貼、就業保
　　險；社會救助雖有縮減，但幅度不大。

(B) 表內容無法推論逐步建構全民共同扶助之體系。

(C) 新任政府保留急難救助金、生活扶助金支出，改
　　以保障人民最低生活所需爲主，符合題旨。

(D) 表內容無法推論降低民間協力投入社會福利之比
　　例。

9. **D**

【解析】　本題旨在測驗考生對於公職人員選舉連任限制的判斷。
　　　　　縣議員連選得連任，鎭長與縣長皆得連任一次爲限。

　　　　　(D) 表示過去經歷，縣議員、鎭長、縣議員、縣長，
　　　　　　　加上本屆登記參選縣長選舉，符合題旨。

10. **D**

【解析】　本題旨在測驗考生對於民意調查變遷的圖表判讀。
　　　　　1995 年高達 69.7% 支持意見，演變至 2015 年支持與
　　　　　不支持各佔 40.1 與 40.6% 相對態勢。

　　　　　(D) 從一致性支持占多數轉變爲 U 型曲線的意見。

11. **C**

【解析】　本題旨在測驗考生對中國大陸 1978 年改革開放政策後
　　　　　的經濟發展認知。

　　　　　(A) 改革開放前後相比，中國大陸沿海與內陸差距逐
　　　　　　　漸擴大。

　　　　　(B) 雖然引入市場經濟，中國大陸官方仍堅守其爲共
　　　　　　　產主義體制。

(C) 2001 年加入世界貿易組織後，中國大陸調整經濟政策以因應全球化的發展，符合題旨。

(D) 改革開放之後雖朝向市場經濟發展，僅開放土地使用權的私有化。

12. **B**

【解析】 本題旨在測驗考生對二次戰後國際政治變遷的認知。1949 年 3 月 18 日，美國、英國及法國公開建立北大西洋公約組織，於同年 4 月 4 日在美國華盛頓簽署《北大西洋公約》後正式成立。爲與以前蘇聯爲首的東歐集團國成員相抗衡。1955 年 5 月 14 日在波蘭首都華沙簽署，東歐社會主義國家除南斯拉夫以外，全部加入華約組織，爲對抗西方資本主義陣營北大西洋公約組織勢力而成立的共產黨國家政治軍事同盟。北約、華約兩大國際組織的成立，代表雙方以冷戰形式的軍事對抗正式開始。

(B) 冷戰期間美國陣營與蘇聯陣營集團對抗的延續，符合題旨。

13. **B**

【解析】 本題旨在測驗考生對公共政策制訂流程中各環節的認知。

(A) 公共政策不必然都會經過每個階段，如已執行中政策僅就必要部分進行修正。

(B) 在民主社會中，民意在每一個階段都有可能具有影響力，符合題旨。

(C) 政策評估在政策執行前、中及完畢後皆可進行。

(D) 政策合法化是指政策必須經過立法院同意後或行
政機關依程序制訂命令。

14. **D**

【解析】 本題旨在測驗考生對警察實施臨檢規定的認知判斷。

　　　(D) 命令現場所有客人打開皮包檢視有無毒品的做法，
已逾越比例原則。符合題旨，不合法。

15. **C**

【解析】 本題旨在測驗考生對侵權行為損害賠償的法律認知。

　　　(A) 可要求小張公開道歉，惟小張為限制行為能力人，
其父母應連帶負賠償阿朱精神損害。

　　　(B) 宿舍舍監、班導師及學校校長與小張無需一起賠
償。

　　　(C) 依《民法》第 187 條第 1 項：「無行為能力人或限
制行為能力人，不法侵害他人之權利者，以行為
時有識別能力為限，與其法定代理人連帶負損害
賠償責任。」要求小張公開道歉並由小張及其父
母連帶負賠償阿朱精神損害責任，符合題旨。

　　　(D) 不得請求學校懲處小張，並以其代替阿朱輪值打
掃宿舍廁所的方式賠償。

16. **A**

【解析】 本題旨在測驗考生對於著作權概念的認知。

　　　(A) 拍攝阿鳴生前照片之攝影師，其照片之著作權因
遭記者翻拍刊載而受侵害，符合題旨。

　　　(B) 拍攝阿鳴生前照片之攝影師，不因阿鳴身亡而影
響其著作權相關主張。

(C) 阿鳴因身亡而喪失人格權，記者毋須經死者家屬
之同意，可翻拍其照片。

(D) 阿鳴生前具藝人身分，雖對隱私之期待不同於一
般人，記者仍須遵守新聞倫理。

17. **B**

【解析】 本題旨在測驗考生對民事契約、侵權行爲損害賠償責
任的認知。

(A) 二男約定打架契約，因違反善良風俗，故契約無
效；所生損害仍可主張權利。

(B) 縱二男約定打架解決，因屬非法，傷者阿國仍得
依法對阿雄主張侵權損害賠償，符合題旨。

(C) 若阿雄打架時因閃過阿國攻擊而打傷阿國，並非
正當防衛，不得主張阻卻賠償責任。

(D) 打架契約無效，阿雄雖未成年，仍須負賠償責任。

18. **A**

【解析】 本題旨在測驗考生對國際貿易出口國、進口國貿易效
果的認知。

(A) 甲國國內需求提高，國內均衡價格提高，出口供
給將減少，轉爲國內供給，符合題旨。

(B) 乙國手機的進口需求不變。

(C) 國際間的手機的交易數量下降。

(D) 國際間的手機交易價格不變或提高。

19. **B**

【解析】 本題旨在測驗考生經濟發展六要素的特性認知。

(A) 機器、廠房、設備是經人為製造而得，屬於人造資本。

(B) 個人之公德心、群體的互信與共同價值屬於社會資本，符合題旨。

(C) 自然資源有限的國家，仍可透過人造資本、人力資本、企業才能創造國民所得。

(D) 企業才能為經營者之生產要素組合能力、創新能力與冒險精神，程度越高獲利能力越大。

20. **B**

【解析】　本題旨在測驗考生對於經濟學財貨特性的判斷。

(A) 公海中的魚蝦是準私有財，因為其具有獨享性與不可排他性。

(B) 個人擁有之汽車是私有財，因為其具有獨享性與可排他性，符合題旨。

(C) 國營事業所生產的產品多為純私有財，可為私人所擁有，如自來水、電力。

(D) 公共財因具有共享性，容易產生不勞而獲的市場失靈現象，反而無法達到效率。

21. **C**

【解析】　本題旨在測驗考生商業銀行與民間標會間借貸市場資金借貸特質的比較。

(A) 標會並未審查借款人或會員的信用狀況，風險較高。

(B) 標會並非隨時提領或投標，取得資金的方便性較銀行存款低。

  (C) 銀行有加入存款保險制度，資金存放於銀行受保
   障的程度較標會高，符合題旨。

  (D) 存款之報酬與銀行規模大小、營運成本高低無關。

22. **D**

 【解析】 本題旨在測驗考生對勞動市場最低工資產生政府制定
   價格下限效果的認知。

  (A) 基本工資之調整係以國家經濟發展情況、物價、
   國民所得、平均國民所得、家庭收支調查統計、
   各行業勞工工資、就業情況和勞動生產力等調整
   依據，經基本工資審議委員會審議通過，報請行
   政院核定公告後實施。

  (B) 為一種對於基層勞工有利的價格下限管制政策。

  (C) 我國係以《勞動基準法》為法源。

  (D) 價格下限效果，最低工資高於均衡工資，導致就
   業量供過於求，其工資提高，而就業量就會降低，
   勞工整體失業人口會隨基本工資調高而增加，符
   合題旨。

23. **A**

 【解析】 本題旨在測驗考生對中央銀行擴張性貨幣政策所產生
   效果的認知。

  (A) 貨幣流通數量增加，將提高物價水準即漲價，符
   合題旨。

  (B) 貨幣流通數量增加，將降低貨幣的購買力。

  (C) 貨幣流通數量增加，提高民眾對於商品的需求。

  (D) 貨幣流通數量增加，與央行是否出現虧損無關。

24. **C**

【解析】 本題旨在測驗考生世代間社會流動概念與圖表推論能力。

(A) 自營階級家庭子女流動為自營階級（8/27）、中產階級（11/27）、工人階級（8/27）。

(B) 階級複製指父親與子女同一階級，中產階級（13/21）與工人階級（16/31）相對明顯。

(C) 務農階級家庭子女成為中產階級的比率（8/21）稍大於成為工人階級（7/21），符合題旨。

(D) 子女中產階級主要來自自營階級家庭（11/44）、中產階級家庭（13/44）、工人階級家庭（12/44）。

25. **B**

【解析】 本題旨在測驗考生世代間社會流動概念與圖表推論能力。

(A) 中產階級在兩代人口中所占比率存有顯著改變（21% → 44%）。

(B) 與父親那一代相比，子女成為自營階級的比率減少（27% → 15%），符合題旨。

(C) 依表內容可知，工人階級所占比率增加（31% → 37%）。

(D) 從表內容無法判斷是否因少子化與人口老化，導致務農階級所占比率降低。

26. **B**

【解析】 (A) 丁黨仍有可能入閣。

(C) (D) 無法從席次率判斷該國的選舉制度。

27. **A**

　　【解析】 (B) 甲乙丁不是。

　　　　　　(C) 只有甲乙是。

　　　　　　(D) 乙丙丁不是。

28. **A**

　　【解析】 (A) 經貿依存度越高，政治上受影響的程度就會越高才對。

29. **C**

　　【解析】 (A) 結構性失業。

　　　　　　(B) 不一定。

　　　　　　(D) 系統性風險。

30. **D**

　　【解析】 (A) 羈押的主要考量點為是否有逃亡或串證之虞。

　　　　　　(B) 法院的專業考量。

　　　　　　(C) 是否宣判死刑，仍要視案件的實際情況而定。

31. **D**

　　【解析】 (A) 仍要遵守無罪推定原則。

　　　　　　(B) 依法行政。

　　　　　　(C) 唯一死刑違憲。

32. **C**

　　【解析】 (A) 管教不宜過度。

　　　　　　(B) (D) 過度管教會觸犯家暴法。

33. **C**

　　【解析】 同居人之家暴，仍爲家暴法之適用範圍。

34. **D**

　　【解析】 警察執法過當，應爲國賠案件。

35. **A**

　　【解析】 手段之使用跟目的之達成，不成比例，爲比例原則。

36. **B**

　　【解析】 通貨膨脹率 $= \dfrac{\text{當年物價指數} - \text{前一年物價指數}}{\text{前一年物價指數}} \times 100\%$

　　　　　依此公式可得出 2014 之通膨率爲 10%，2015 之通膨率爲 9%，2016 之通膨率爲 8.3%，所以答案爲 (B)。

37. **C**

　　【解析】 實質 GDP $= \dfrac{\text{名目GDP}}{\text{物價指數}} \times 100$

　　　　　依此公式可得出 2013 之實質所得爲 210，2014 之實質所得爲 200，2015 之實質所得爲 208，2016 之實質所得爲 200，所以答案爲 (C)。

38. **D**

　　【解析】 政府緊縮開支，會造成政府消費支出降低，連帶也會影響民間消費降低，故本題應爲 (D)。

39. **A**

　　【解析】 股市下跌之連鎖反應，爲市場風險之表現。

二、多選題

40. **ACD**

【解析】 (B) 與提昇民主品質無關。

(E) 減少反對與杯葛可能造成民主品質下降。

41. **ABE**

【解析】 (C) (D) 為效能政府之考量。

42. **AD**

【解析】 (B) (C) 從資料中看不出來。

(E) 較不支持才對。

43. **AE**

【解析】 (B) 皆不需國會同意。

(C) 需諮詢立法院長。

(D) 台灣是被動解散權，必須國會先通過倒閣案，才
可以解散國會。

44. **CDE**

【解析】 (A) 居住遷徙自由。

(B) 財產權。

45. **ACE**

【解析】 (B) 補償。

(D) 賠償。

46. **BCD**

　　【解析】 (A) 為效率不佳的組合。

　　　　　　 (E) 為目前無法達到的組合。

47. **ABDE**

　　【解析】 (C) 為爭取合法性。

48. **BC**

　　【解析】 (A) 法國大革命不符合和平非暴力。

　　　　　　 (D) 為了抗議不公不義的法律或政策。

　　　　　　 (E) 沒有明文。

49. **AB**

　　【解析】 主管機關為交通部觀光局，屬於中央政府層級，

　　　　　　 (C) (D) (E) 為地方政府層級。

50. **BDE**

　　【解析】 政府禁止粉塵活動，會造成玉米粉的供給減少、需求
　　　　　　 減少、價格下跌、數量下降，故本提應選 (B) (D) (E)。

106 年大學入學指定科目考試試題
物理考科

第壹部分：選擇題（占 80 分）

一、單選題（占 60 分）

說明： 第 1 題至第 20 題，每題有 5 個選項，其中只有一個是正確或
最適當的選項，請畫記在答案卡之「選擇題答案區」。各題答
對者，得 3 分；答錯、未作答或畫記多於一個選項者，該題
以零分計算。

1. 日常生活中常見的運動與牛頓運動定律息息相關，下列有關牛頓
   三大運動定律的敘述，何者正確？
   (A) 依據第二定律，運動物體的速度方向必定與其所受合力的方
       向相同
   (B) 依據第二定律，運動物體的位移方向必定與其所受合力的方
       向相同
   (C) 用槳划水使船前進及加速的過程，可分別利用第三與第一定
       律解釋
   (D) 用噴氣使火箭前進及加速的過程，可分別利用第三與第二定
       律解釋
   (E) 溜冰選手站立於光滑水平地面以手猛推一下牆壁，反彈及其
       後以等速度離開，可分別利用第一與第二定律解釋

2. 光滑水平地面上靜置一長板，板上有一人相對於板面自靜止開始
   向右直行，如圖 1 所示。若長板和地面間的摩擦力因地面光滑而
   可完全忽略，則下列相關敘述何者正確？

(A) 人在行走過程中，人對長板不作功

(B) 人在行走過程中，地面對長板作負功

(C) 人和長板所形成的系統，其質心位置不變

(D) 人和長板所形成的系統，其
質心會漸向右移

(E) 此人停下腳步後，人會連同
長板相對於地面向左滑動

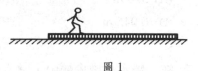

圖 1

3. 近年科學家發現某一顆巨大的類地球行星，其質量為地球的 17
倍、直徑為地球的 2.3 倍，它像地球一樣擁有堅固的表層，因此
被天文學家歸類為 "巨無霸地球"。假設該星球與地球皆可視為均
質的球體，則該行星表面的重力加速度約為地球的多少倍？

(A) 0.31　　　(B) 2.2　　　(C) 3.2　　　(D) 7.3　　　(E) 39

4. 在平直光滑軌道上有一運動中的甲玩具車，質量為 m_1，與另一質
量為 m_2 的靜止乙玩具車發生正面的彈性碰撞，碰撞後甲車反彈，
乙車則沿甲車碰撞前之運動方向前進，若碰撞後兩車的速率相
同，則 m_1 與 m_2 的關係為下列何者？

(A) $3m_1 = m_2$　　　　(B) $2m_1 = m_2$　　　　(C) $m_1 = 2m_2$

(D) $m_1 = 3m_2$　　　　(E) $2m_1 = 3m_2$

5. 一靜止於光滑水平地面的彈簧槍，將一顆質量為 0.20 kg 的鋼珠
以相對於地面為 4.0 m/s 的水平速度射出，已知這一發射過程的
能量完全由壓縮的理想彈簧提供，彈簧的力常數為 2.4×10^3 N/m，
裝鋼珠前彈簧槍的質量為 1.0 kg。彈簧槍槍身可於地面上自由滑
動，若忽略過程中的所有摩擦力，則彈簧槍在一開始要發射鋼珠
時，彈簧被壓縮的長度為下列何者？

(A) 3.6 cm　　(B) 4.0 cm　　(C) 4.6 cm　　(D) 5.0 cm　　(E) 5.6 cm

6. 在飛機發生空難沉入海中後，飛機上的黑盒子會發出頻率為
   33 kHz 的超聲波，以提供搜救船隻利用聲納探測其位置。已知海
   水中的聲速約為 1500 m/s，則此超聲波的波長約為下列何者？
   (A) 500 m   (B) 150 m   (C) 22 m
   (D) 0.045 m   (E) 0.010 m

7. 在一項水波槽實驗中，當水波由深 1 公分的淺水區入射至深 2 公
   分的深水區時，在淺水區與深水區的交界處發生折射現象。假設
   水深與水波的振幅都比波長小得多，以致水波的波速平方與水深
   成正比，則下列敘述何者正確？
   (A) 若入射角為 30°，則折射角為 45°
   (B) 若入射角為 30°，則折射角為 53°
   (C) 若入射角為 45°，則折射角為 60°
   (D) 若入射角為 53°，則折射角為 30°
   (E) 若入射角為 60°，則折射角為 45°

8. 如圖 2 所示，一個很寬的水槽內裝有深度為 H 的水，水的折射率
   為 4/3。若在水槽底部放置一半徑為 $H/2$ 之半球形凸面鏡，並以
   平行光源垂直液面入射，則由水面上方沿著接近鉛直主軸的方向
   往下看時，所觀察到的凸面鏡焦點，最接近水面下哪一深度處？
   (A) 3H/8
   (B) 2H/3
   (C) 9H/16
   (D) 3H/4
   (E) 3H/2

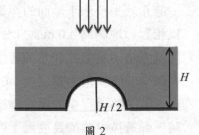

圖 2

9. 有一登山隊員攜帶一個圓筒形鍋子上山，此鍋子蓋上鍋蓋後可以只靠鍋蓋重量而完全密閉，煮飯時在高山營地中測得當地氣壓爲 720 毫米水銀柱，若要使鍋內的水恰在 100℃ 時沸騰，而圓筒鍋的內直徑爲 20 公分，則鍋蓋約需爲多少公斤重？
（1 大氣壓 = 760 毫米水銀柱 = 1.03×10^3 克重/平方公分 = 1.01×10^5 牛頓/平方公尺）

(A) 0.7　　(B) 7　　(C) 17　　(D) 37　　(E) 70

第 10-11 題爲題組

美國早期使用愛迪生創設的直流供電系統，電壓爲 110V。已知此系統之傳輸電纜線的電流爲 100A，供電區域的地球磁場量值爲 5.0×10^{-5} T，而眞空磁導率 $\mu_0 = 4\pi \times 10^{-7}$ T·m/A。

10. 若每一用戶平均每月使用 300 度的電，假設可忽略傳輸電纜線所消耗的能量，則此供電系統約可供給幾戶的電力需求？
(A) 10　　　　　　　(B) 26　　　　　　　(C) 35
(D) 48　　　　　　　(E) 60

11. 試問距此供電系統中一段長直的電纜線多少垂直距離處，其電流所產生的磁場與地球磁場的量值相等？
(A) 50 m　　　　　　(B) 35 m　　　　　　(C) 10 m
(D) 2.5 m　　　　　(E) 0.40 m

12. 現代科技中常以光電倍增管將微弱的光訊號轉換並增強爲電訊號。有一光電倍增管的訊號輸出端串聯一個 50Ω 的電阻器，形成迴路。若此電阻器兩端之電壓與時間的關係如圖 3 實線所示，則光電倍增管所輸出脈衝訊號的電量最接近下列何者？

（ 1 ns = 10^{-9} s ）

(A) 10^{-7} C

(B) 10^{-9} C

(C) 10^{-11} C

(D) 10^{-13} C

(E) 10^{-15} C

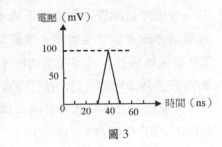

圖 3

13. 一長度及截面積固定且符合歐姆定律的柱形電阻器串接安培計後，兩端再接上直流電源供應器，若各器材均正常運作且溫度變化的影響可忽略，則改變直流電源供應器的輸出電壓時，下列敘述何者正確？

(A) 電流隨輸出電壓增大而減小

(B) 電流不隨輸出電壓的變化而變動

(C) 電阻器的電阻隨輸出電壓增大而增大

(D) 電阻器的電阻隨輸出電壓增大而減小

(E) 電阻器的電阻固定，不隨輸出電壓的變化而變動

14. 一個質子與一個 α 粒子以相同速度分別射入不同的均勻磁場中，其速度皆與磁場方向垂直，因而質子與 α 粒子在各別磁場中皆作等速率圓周運動。若質子與 α 粒子的軌道半徑大小相同，則質子與 α 粒子所進入的磁場強度比為何？

(A) 1:2   (B) 2:1   (C) 1:8   (D) 8:1   (E) 1:1

15. 為驗證通有電流 I 的長直導線在磁場中受到磁力，將一條平行於 x 軸的導線通以沿 $+x$ 軸方向的電流，如圖 4 所示，其中 x、y 軸在紙面上。若一均勻磁場對導線的作用力可使導線懸浮空中，即磁力指向 $+z$ 軸方向（垂直穿出紙面），則此均勻磁場的方向為何？

(A) +y 軸方向

(B) −y 軸方向

(C) +z 軸方向

(D) −z 軸方向

(E) −x 軸方向

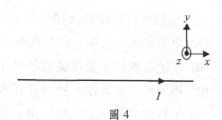

圖 4

16. 在如圖 5 所示的水平面（即紙面），有均勻的電場和磁場兩者方向皆由紙面上方垂直穿入紙面，一電子沿紙面以向右的初速度行進，則由紙面上方往下觀察時，電子在進入電磁場後將會如何運動？

(A) 向右進行直線運動

(B) 順時針方向偏轉、在紙面運動

(C) 反時針方向偏轉、在紙面運動

(D) 順時針方向偏轉、朝紙面上方離開

(E) 反時針方向偏轉、朝紙面下方離開

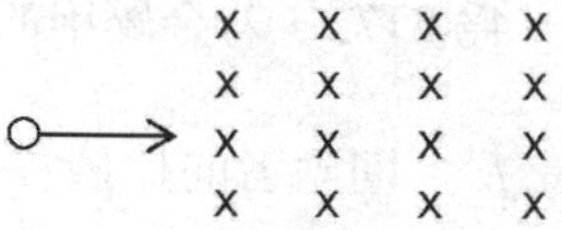

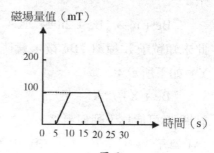

圖 5

17. 一電磁鐵所產生的磁場垂直通過一截面積為 100 cm^2 的平面線圈。若某段時間通過此線圈的磁場量值與時間的關係如圖 6 實線所示，則在第 15 秒瞬間，線圈上的感應電動勢最接近下列何者？

(A) 10^{-1} V

(B) 10^{-2} V

(C) 10^{-3} V

(D) 10^{-4} V

(E) 0

磁場量值（mT）

200

100

0 5 10 15 20 25 30

時間（s）

圖 6

18. 下列關於近代物理的敘述，何者正確？
    (A) 黑體輻射具有單一波長的性質
    (B) 核能發電的主要關鍵機制是光電效應
    (C) 物質波是波長遠小於可見光波長的一種電磁波
    (D) 依據波耳氫原子模型，電子的角動量與主量子數無關
    (E) 比較氦原子核中質子間作用力的量值大小時，強力＞電磁力＞重力

19. 以頻率為 f_0 的紫外光分別照射兩塊金屬甲與乙後，均可測得光電子。金屬甲所產生的光電子的截止電壓為 V，金屬乙的截止電壓為 $3V/2$。若金屬甲的底限頻率為 $f_甲 = 2f_0/3$，金屬乙的底限頻率為 $f_乙$，則兩者的比值 $\dfrac{f_甲}{f_乙}$ 為下列何者？

    (A) 2/3   (B) 3/4   (C) 1
    (D) 4/3   (E) 3/2

20. 以中子撞擊 ^9_4Be 會產生 ^8_4Be 及兩個中子，故 ^9_4Be 可做為中子的倍增劑。^8_4Be 緊接著會衰變為兩個相同的未知粒子 X，如下所示：

    $$^9_4Be + n \rightarrow \,^8_4Be + 2n \rightarrow 2X + 2n$$

    此未知粒子 X 撞擊 ^9_4Be 後，會使其轉變為 $^{12}_6C$ 及另一未知粒子 Y，如下所示：

    $$^9_4Be + X \rightarrow \,^{12}_6C + Y$$

    試問 Y 可能為下列何者？
    (A) 質子   (B) 中子   (C) 氫
    (D) 氦   (E) 光子

二、多選題（占 20 分）

說明：第 21 題至第 24 題，每題有 5 個選項，其中至少有一個是正確
的選項，請將正確選項畫記在答案卡之「選擇題答案區」。各
題之選項獨立判定，所有選項均答對者，得 5 分；答錯 1 個選
項者，得 3 分；答錯 2 個選項者，得 1 分；答錯多於 2 個選項
或所有選項均未作答者，該題以零分計算。

21. 甲、乙兩車直線前進行駛於筆直的水平道路上，其速度 *v* 對時間
   t 的關係如圖 7 所示。已知時間 *t* = 0 時甲車領先乙車 5 公里，下
   列關於兩車的敘述，哪些正確？

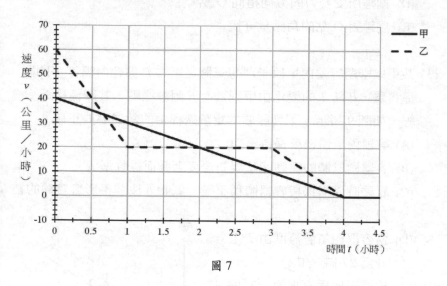

圖 7

(A) 甲車在 4 小時內均維持等速運動

(B) 甲乙兩車在第一個小時末第一次相遇

(C) 乙車在第一個小時內作加速度為負值的等加速運動

(D) 乙車在第一個小時末至第三個小時末之間作等加速運動

(E) 4 小時之後，兩車均停了下來，此時兩車的距離為 5 公里

22. 如圖 8 所示，一錐擺（亦稱錐動擺或圓錐擺）的擺線長為 l，擺錘質量為 m，一端固定於天花板上。若摩擦力、空氣阻力與繩子的質量可忽略不計，擺線與鉛垂線的夾角為 θ，擺線的張力設為 F 且擺錘在水平面上以 O 點為圓心作等速率圓周運動，重力加速度為 g，則下列敘述哪些正確？

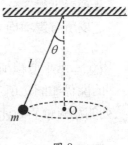

    (A) 擺錘作圓周運動所需的向心力為 $F\cos\theta$

    (B) 擺錘在鉛垂線的方向所受合力為 0

    (C) 擺錘所受合力的方向沿擺線的方向

    (D) 擺錘所受合力的方向指向 O 點

    (E) 擺錘對 O 點的角動量守恆

圖 8

23. 某生做密閉容器內單原子理想氣體之壓力 P 與絕對溫度 T 的關係實驗，P 隨 T 的變化由甲到乙有五個數據點，其關係接近一直線，如圖 9 所示。下列關於本實驗過程中的敘述哪些正確？

    (A) 容器內氣體密度保持不變

    (B) 容器內氣體的總動能隨絕對溫度上升而線性增大

    (C) 實驗時僅需保持容器體積不變，氣體外洩並不影響實驗的結果

    (D) 當容器內氣體溫度由 T 上升為 $2T$ 時，其分子的方均根速率增為原來的 $\sqrt{2}$ 倍

    (E) 當容器內氣體溫度由 T 上升為 $2T$ 時，其分子的方均根速率也增為原來的 2 倍

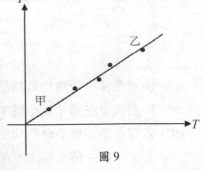

圖 9

24. 在光電效應中，已知電子要由甲金屬內部移出脫離其表面所需的最小能量為 2.5 eV。某生欲使用氣態乙原子中的電子在最低 4 個能階之間躍遷時所發出的不同波長之光波，分別照射甲金屬以產生光電子。若此 4 個能階分別為 -5.4 eV、-3.5 eV、-1.6 eV 與 -0.9 eV，則在乙原子所發出之不同特定波長的光分別照射下，甲金屬所產生之光電子的最大動能有哪些可能？

　　(A) 0.1 eV　　　　　(B) 1.0 eV　　　　　(C) 1.3 eV

　　(D) 2.0 eV　　　　　(E) 3.5 eV

第貳部分：非選擇題（佔 20 分）

說明：本部分共有二大題，答案必須寫在「答案卷」上，並於題號欄標明大題號（一、二）與子題號（1、2、……）。作答時不必抄題，但必須寫出計算過程或理由，否則將酌予扣分。作答務必使用筆尖較粗之黑色墨水的筆書寫，且不得使用鉛筆。每一子題配分標於題末。

一、1. 某生欲以一雙狹縫來測量未知波長的雷射光，已知兩狹縫的間距為 d。

　　（a）試說明實驗器材的安排：須在答案卷作圖區以示意圖顯示雙狹縫、雷射及屏幕的安排，並標示各相關的物理量。（4分）

　　（b）說明如何求出雷射光的波長，並指出需量測的物理量。（3分）

　　2. 在求出該雷射光的波長後，若僅將雙狹縫換成單狹縫，其他裝置及各器材的位置均保持不變，說明如何求出此一單狹縫的縫寬 a。（3分）

二、 日常生活中常利用斜面使重物自高處滑落地面。今有質量為 m 的物體自傾斜角為 θ 的固定斜面，以初速 v_0 沿斜面下滑 L 的距離到達水平地面後，又繼續滑行 d 的距離後停止下來，如圖 10 所示。假設物體可平順的由斜面滑入水平地面，且已知物體與斜面間及物體與水平地面間的動摩擦係數皆為 μ，重力加速度為 g，試回答下列問題（答案以 m、g、L、v_0、θ、μ 表示）。

1. 當物體沿斜面下滑距離 L 至斜面底部時，摩擦力對物體所作的功為何？（3分）

2. 物體在水平地面滑行的距離 d 為何？（4分）

3. 物體抵達水平地面開始滑行到停止下來所花的時間為何？（3分）

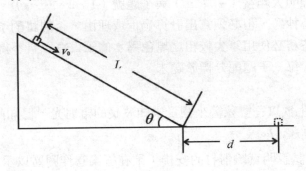

圖 10

106年度指定科目考試物理科試題詳解

第壹部分：選擇題

一、單選題

1. **D**

【解析】 依據第二定律，$F = ma$，運動物體的加速度方向與其所
　　　　受合力方向相同，故 (A)(B) 錯誤。

　　　　(C) 槳划水使船前進及加速 ⇒ 水給槳的反作用力使船
　　　　　　加速前進：可利用第三定律（作用力及反作用力）
　　　　　　與第二定律（$F = ma$）解釋。

　　　　(D) 噴氣使火箭前進及加速的過程，是利用空氣給火箭
　　　　　　反作用力來加速前進：可利用第三定律（作用力及
　　　　　　反作用力）與第二定律（$F = ma$）解釋。

　　　　(E) 溜冰選手站立於光滑水平地面以手猛推一下牆壁，
　　　　　　反彈及其後以等速度離開，利用作用力與反作用力
　　　　　　先獲得一個起始速度，手離開牆壁後沒有力再作
　　　　　　用，故行等速度運動，可利用第三與第一定律解
　　　　　　釋。

2. **C**

【解析】 將人與長板看做一個系統，當人在長板上行走，長板
　　　　會給人一個向前的力量（靜摩擦力），人也會給長板一
　　　　個向後的反作用力，此二力等大反向，屬系統內力；
　　　　故系統外力和等於零，根據動量守恆可知，系統質心
　　　　不會改變，答案選 (C)。

3. **C**

【解析】 $g = \dfrac{GM}{R^2} \propto \dfrac{M}{R^2}$ ， 故 $\dfrac{g_x}{g_{\text{地}}} = \dfrac{17}{2.3^2} = 3.21$

答案選 (C)。

4. **A**

【解析】 設 m_1 碰撞前速度爲 v_1，靜止靶彈性碰撞之碰後速度

$u_1 = \dfrac{m_1 - m_2}{m_1 + m_2} v_1$ ， $u_2 = \dfrac{2m_1}{m_1 + m_2} v_1$

根據題述，m_1 撞後反彈，

故 m_1 碰後速度大小爲 $\dfrac{m_2 - m_1}{m_1 + m_2} v_1$

兩物體碰後速度大小相同 $\Rightarrow \dfrac{m_2 - m_1}{m_1 + m_2} v_1 = \dfrac{2m_1}{m_1 + m_2} v_1$

$\Rightarrow m_2 - m_1 = 2\, m_1 \Rightarrow 3\, m_1 = m_2$，選 (A)。

5. **B**

【解析】 地面光滑，故彈簧與槍身之間是內力作用 $\Rightarrow$ 動量守恆，所以彈簧與鋼珠的速度與質量成反比（彈珠速度 $= 4$ m/s，彈簧速度 $= 0.8$ m/s）。又地面無摩擦力，故彈簧的彈力位能完全轉換成槍身與彈珠的動能

$\dfrac{1}{2} \times 2400 \times x^2 = \dfrac{1}{2} \times 1 \times 0.8^2 + \dfrac{1}{2} \times 0.2 \times 4^2$

得 $x = 0.04$ m $= 4$ cm，選 (B)。

6. **D**

【解析】　波速 = 頻率 × 波長，

故波長 = 1500/33000 = 0.045 公尺，選 (D)。

7. **A**

【解析】　$v_{淺}\Big/v_{深} = \sqrt{1}\Big/\sqrt{2}$，由司乃耳定律知 $\dfrac{v_1}{\sin\theta_1} = \dfrac{v_2}{\sin\theta_2}$，

速度快的介質，角度大，故深水區的角度會較大，

因此 $v_{淺} \times \sin\theta_1 = v_{深} \times \sin\theta_2 \rightarrow \sin\theta_1 : \sin\theta_2 = \sqrt{2} : 1$，

故由淺水區進入深水區的角度變化應是入射角 30 度，

折射角 45 度，選 (A)。

8. **C**

【解析】　球面鏡的焦點為半徑的一半，故焦點至水平面距離為

$3H/4$；但由水面上看焦點必須考慮折射現象帶來的視

深效果，故由視深公式 $\dfrac{h_1}{n_1} = \dfrac{h_2}{n_2} \rightarrow \dfrac{3H\big/4}{4\big/3} = \dfrac{視深}{1}$

$\rightarrow 視深 = \dfrac{9}{16}H$，選 (C)。

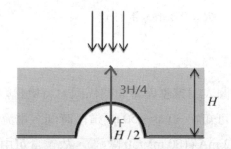

9. **C**

【解析】 一大氣壓下，水的沸點是攝氏 100 度，

故在大氣壓力爲 720 mmhg 的環境中，

需再加壓 40 mmhg，才能使壓力達 1 atm。

$$P = \frac{F}{A} \to F = P \times A = 1.03 \times 10^3 \times \frac{40}{760} \times 10^2 \times 3.14$$

= 17022 gw ～ 17 kgw，選 (C)。

第 10-11 題爲題組

10. **B**

【解析】 每戶每月用電 300 度電，

平均一日用電 10 度 = 36000000 J，

一秒用電 36000000/24 × 3600 = 10000/24 ～ 416.6 J。

而供電系統的電功率 $P = IV = 100 \times 110 = 11000$ J/s，

故此供電系統可供應 11000/416.6 ～ 26.4 戶的用電，

選 (B)。

11. **E**

【解析】 $F = \frac{\mu_0 I}{2\pi R} = 5 \times 10^{-5} \to \frac{4\pi \times 10^{-7} \times 100}{2\pi R} = 5 \times 10^{-5}$

$\to R = 0.4$ m，選 (E)。

12. **C**

【解析】 圖表爲電壓與時間關係圖，將電壓轉換成電流，

可知在 30 ns ～ 50 ns 這段時間，電流由零線性增加至

2 mA (100 mV/50 歐姆)，故電量可由 *I-t* 圖面積得知：

$$Q = I \times t = \frac{1}{2} \times 2 \text{ mA} \times 20 \text{ ns} = 2 \times 10^{-11} \text{ C} ,$$

最接近答案 (C)。

13. **E**

【解析】　長度截面積固定，

則根據電阻的計算公式 $R = 電阻係數 \times \dfrac{長度}{截面積}$

可知電阻不變，又 $V = IR$，所以電阻一定的情況下，

電壓與電流成正比，應選 (E)。

14. **A**

【解析】　$qvB = \dfrac{v^2}{R} \rightarrow R = \dfrac{mv}{qB} \propto \dfrac{m}{qB}$,

α 粒子 $= \text{He}_2^{4 \; 2+}$ ，質子 $= \text{P}_1^{1 \; 1+}$,

$R_\text{P} \Big/ R_\text{He} = \dfrac{1}{1 \times B_\text{P}} \Big/ \dfrac{4}{2 \times B_\text{He}} = 1 \rightarrow B_\text{P} : B_\text{He} = 1 : 2$,

選 (A)。

15. **A**

【解析】　根據右手開掌定則，大拇指為電流方向 $(+x)$，

開掌為受力方向 $(+z$，出紙面$)$，

故四指指向 $+y$ 為磁場方向，選 (A)。

16. **D**

【解析】 電子入射方向垂直磁場，故磁場對電子的運動方向影響爲圓周運動，$F = q\vec{V} \times \vec{B}$（電子帶負電，故速度方向爲電子速度的反向）。上述公式根據外積右手定則可知磁力（向心力）向下，故磁力將使電子**順時針**運轉；電場穿入紙面，對電子的作用力（$F = -qE$）爲**穿出紙面**，故答案爲 (D)。

17. **E**

【解析】 感應電動勢 $= \dfrac{d\Phi_B}{dt} = \dfrac{d(B \cdot A)}{dt}$，磁通量對時間的時變率，在截面積固定的情況下，第 10 秒～第 20 秒的磁場爲定值，故這段時間的感應電動勢爲零，選 (E)。

18. **E**

【解析】 四大基本作用力，重力最小（重力常數 $G = 6.67 \times 10^{-11}$）；又原子核內部，質子之間的電荷斥力極大，但是原子核依然能夠穩定存在，表示有一個比電荷斥力更大的引力存在原子核內，因此推斷強力＞電力，選 (E)。

19. **D**

【解析】 光電方程式：$hf_0 = W$（功函數）$+ qV$，$hf_0 = hf_{甲} + qV$

$\rightarrow qV = \dfrac{1}{3}hf_0$；乙：$hf_0 = hf_Z + q \times \dfrac{2}{3}V \rightarrow f_Z = \dfrac{1}{2}f_0$，

故 $\dfrac{f_{甲}}{f_Z} = \dfrac{\dfrac{2}{3}}{\dfrac{1}{2}} = \dfrac{4}{3}$，選 (D)。

20. **B**

【解析】 $_4^9\text{Be} + _0^1\text{n} \rightarrow _4^8\text{Be} + 2_0^1\text{n} \rightarrow 2_b^a\text{X} + 2_0^1\text{n}$，

由質量數守恆及原子序守恆可知 $a = 4$，$b = 2$；

$_4^9\text{Be} + _2^4\text{X} \rightarrow _6^{12}\text{C} + _d^c\text{Y}$，$c = 1$，$d = 0$，選 (B)。

二、多選題

21. **CE**

【解析】 (A) 甲在前四小時是等加速度運動（ $v\text{-}t$ 圖成斜直線）

(B) 計算 1.5 小時內甲乙的位移：

$$X_{甲} = \frac{(40+30)\times 1}{2} = 35 \text{；} \quad X_{乙} = \frac{(60+20)\times 1}{2} = 40$$

一開始甲領先乙 5 公里，1 小時末時甲乙相遇，但此時應為「第 2 次」相遇；甲一開始領先，而乙在前半小時就追上超過 10 公里的路程，所以 1 小時末時應為甲乙第 2 次相遇。

(C) 正確，$v\text{-}t$ 圖斜率代表加速度，故前一小時乙的加速度為 -40 km/m2。

(D) 錯誤，應為等速運動（ $v\text{-}t$ 圖為水平線）。

(E) $X_{甲} = \dfrac{40\times 4}{2} = 80$ ；

$$X_{乙} = \frac{(60+20)\times 1}{2} + 20\times 2 + \frac{20\times 1}{2} = 90$$

在第 4 小時末時，甲距起點跑了 80 公里，乙距起點跑了 90 公里，但一開始甲領先乙 5 公里，故此時甲乙相距 5 公里。

22. **BDE**

【解析】 繩張力的鉛直分力與重力抵銷，

水平分力 $F \sin\theta$ 當作向心力，

故合力指向 O 點，故 (A) (C) 錯誤，

(B) (D) 正確；又系統力矩和為零，

故角動量守恆，(E) 正確。

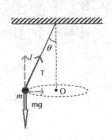

23. **ABD**

【解析】 由理想氣體方程式 $PV = nRT$ 可知，n、V 固定的情況

下，P、T 成正比，因此此實驗的體積與容器內氣體莫

耳數應為定值，且因質量守恆，所以氣體密度不變，

(A) (B) 正確；(C) 錯誤；

又分子的方均根速率 $= \sqrt{\dfrac{3RT}{M}} \propto \sqrt{T}$，

所以 (D) 正確，(E) 錯誤。

24. **ACD**

【解析】 此 4 個能階可以產生的光子能量分別為 0.7 eV、

1.9 eV、2.6 eV、3.8 eV、4.5 eV，扣除掉 2.5 eV 的能

量後，僅有三種能量的光子可以產生光電子，其光電

子的能量為 4.5 – 2.5 = 2.0 eV、3.8 – 2.5 = 1.3 eV、

2.6 – 2.5 = 0.1 eV，故答案選 (A) (C) (D)。

—————————————	-0.9eV
(0.7eV)	
—————————————	-1.6eV
(1.9eV)	
—————————————	-3.5eV
(1.9eV)	
—————————————	-5.4eV

第貳部分：非選擇題

一、

1. （a）

（b）先測得光屏至狹縫間的距離 r，在量測光屏上干涉條紋

的間距 y，帶入 $y = \dfrac{r\lambda}{d}$，可得雷射光波長 $= \lambda = \dfrac{dy}{r}$

2. 先量測光屏上繞射的中央亮帶寬度 W，

並求得 W/y 的比值為 n，$\dfrac{W}{y} = \dfrac{2r\lambda / a}{r\lambda / d} = \dfrac{2d}{a} = n$

可知單狹縫寬度為 $a = \dfrac{2d}{n}$。

二、

1. $f_{k1} = mg\mu\cos\theta$，$f_{k2} = mg\mu$

$W_f = f_{k1} \cdot L = -mg\mu\cos\theta \cdot L = -mg\mu L\cos\theta$

2. 根據能量守恆，一開始的力學能會被兩段摩擦力做負功消耗

掉：$\dfrac{1}{2}mv_0^2 + mgL\sin\theta = \mu mgL\cos\theta + \mu mgd$

$\rightarrow d = \dfrac{v_0^2}{2\mu g} + (\dfrac{\sin\theta}{\mu} - \cos\theta)L$

3. 滑至底端的速率為 v，

$$\frac{1}{2}mv^2 = \frac{1}{2}mv_0^2 + mgL\sin\theta - \mu mgL\cos\theta$$

$$\rightarrow v = \sqrt{v_0^2 + 2gL(\sin\theta - \mu\cos\theta)} ，$$

由 $f_{k2}\cdot t = -mv$ 知，

$$t = \frac{mv}{f_{k2}} = \frac{m\sqrt{v_0^2 + 2gL(\sin\theta - \mu\cos\theta)}}{mg\mu}$$

$$= \frac{\sqrt{v_0^2 + 2gL(\sin\theta - \mu\cos\theta)}}{g\mu}$$

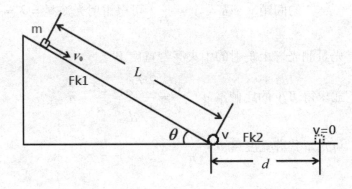

106 年大學入學指定科目考試試題
化學考科

元素週期表（1～36 號元素）

1 H 1.0																	2 He 4.0
3 Li 6.9	4 Be 9.0											5 B 10.8	6 C 12.0	7 N 14.0	8 O 16.0	9 F 19.0	10 Ne 20.2
11 Na 23.0	12 Mg 24.3											13 Al 27.0	14 Si 28.1	15 P 31.0	16 S 32.1	17 Cl 35.5	18 Ar 40.0
19 K 39.1	20 Ca 40.1	21 Sc 45.0	22 Ti 47.9	23 V 50.9	24 Cr 52.0	25 Mn 54.9	26 Fe 55.8	27 Co 58.9	28 Ni 58.7	29 Cu 63.5	30 Zn 65.4	31 Ga 69.7	32 Ge 72.6	33 As 74.9	34 Se 79.0	35 Br 79.9	36 Kr 83.8

標準還原電位（25℃）

$Fe^{2+}(aq) + 2e^- \rightarrow Fe(s)$　　　－0.44 V

$Cu^{2+}(aq) + 2e^- \rightarrow Cu(s)$　　　＋0.34 V

$Ag^+(aq) + e^- \rightarrow Ag(s)$　　　＋0.80 V

$E = h\nu = h \times \dfrac{c}{\lambda}$，$h$ 爲普朗克常數 $= 6.63 \times 10^{-34}$ 焦耳·秒

c 爲光速 $= 3.0 \times 10^8$ 米/秒，ν 爲頻率，λ 爲波長，1 奈米 $= 10^{-9}$ 米

第壹部分：選擇題（占 80 分）

一、單選題（占 60 分）

說明：第 1 題至第 20 題，每題有 5 個選項，其中只有一個是正確或
最適當的選項，請畫記在答案卡之「選擇題答案區」。各題答
對者，得 3 分；答錯、未作答或畫記多於一個選項者，該題
以零分計算。

1. 實驗室常備的下列儀器：
   1. 試管　　　2. 滴管　　　3. 定量吸管　　　4. 燒杯
   5. 錐形瓶　　6. 量筒　　　7. 定量瓶　　　　8. 滴定管
   哪些可以用來精準測量液體的體積？
   (A) 1357　　(B) 1238　　(C) 3678　　(D) 378　　(E) 367

2. 空氣中有許多污染物，例如懸浮微粒、二氧化碳、硫氧化物、氮
   氧化物等，影響健康甚大，也造成霧霾，並引起氣候變遷。其中，
   懸浮微粒的粒徑小於或等於 2.5 微米（μ m）者稱為 PM2.5。下列
   有關敘述，哪一項正確？
   (A) PM2.5 是一種新化合物
   (B) 霧霾<u>不是</u>一種膠體溶液
   (C) 天然氣<u>不是</u>溫室效應的氣體
   (D) 空氣中的奈米顆粒<u>不會</u>造成污染
   (E) 重金屬可能為 PM2.5 的成分之一

3. 如果為了節能減碳，以每排放 1000 克的 CO_2 課稅 0.3 元。假設
   汽油的成分為辛烷，密度為 0.8 g/mL 而且完全燃燒，則一部小汽
   車加滿汽油 25 公升的碳稅（元），最接近下列哪一數值？
   (A) 10　　(B) 18　　(C) 25　　(D) 32　　(E) 40

4. 於 25℃ 時，某溶液的 pH 值為 3.0，若以 0.10 M 的 NaOH 溶液滴定，發現只有在 pH 為 7.0 時，有一個滴定終點，則下列哪一項可能是此溶液的溶質？

(A) C_6H_5COOH　　　(B) NH_3　　　(C) HF

(D) HCl　　　(E) CH_3COOH

5. 下列有關丙二烯（$H_2C = C = CH_2$）分子鍵結與結構的敘述，哪一項正確？

(A) 具有幾何異構物

(B) 碳–碳間以 p 軌域形成極性共價鍵

(C) 中間的碳原子具有 sp 混成軌域

(D) 末端的碳原子均具有 sp 混成軌域

(E) 分子中 C－C－C 的角度約為 120°

6. 圖 1 表示兩種液體甲和乙的飽和蒸氣壓與溫度的關係。若兩液體混合後可視為理想溶液，根據拉午耳定律，可知：「蒸氣中甲所占的莫耳分率，等於其在蒸氣中的分壓除以總壓」，於 30℃ 時，只由甲與乙兩種液體混合溶液的蒸氣中，甲的莫耳分率為 0.25，則乙的莫耳分率，最接近下列哪一數值？

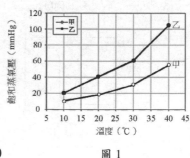

圖 1

(A) 0.75　　　(B) 0.60

(C) 0.50　　　(D) 0.40

(E) 0.25

7. 氫氧化鈉是實驗常用的強鹼,其溶液的濃度,可用已知濃度的鹽酸進行標定。氫氧化鈉溶液若經長期使用,則因與空氣中的二氧化碳反應,其酸鹼值會改變,所以必須在實驗前重新標定。在下列選項的滴定曲線圖中,實線與虛線分別代表使用新配製的與已配製五週後的氫氧化鈉溶液滴定同體積、同濃度的鹽酸所得的滴定曲線。試問哪一個滴定圖較為合理?

(A)
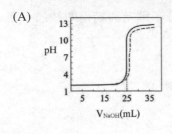

(B)
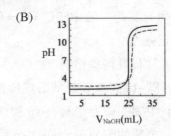

(C)
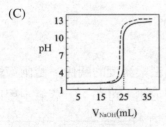

(D)
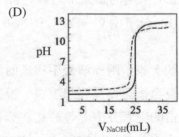

(E)
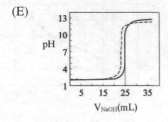

8. 若在 25℃,溶解 0.20 克的碘酸鋇至少需純水 V_1 升,而溶解 0.10 克的碘酸鋇至少需純水 V_2 升,則 $V_1:V_2$ 的比例最接近下列哪一選項?

(A) 1:1　　　(B) 2:1　　　(C) 4:1　　　(D) 6:1　　　(E) 8:1

9. 四個容器在 300 K 下分別盛裝氣體。甲容器體積 25.0 升，裝入氦氣後，測得壓力為 1.0 大氣壓。乙容器體積 12.5 升，裝入氮氣後，測得壓力為 1.75 大氣壓。丙容器體積 25.0 升，裝入 0.5 莫耳二氧化碳。丁容器體積 12.5 升，裝入氧氣後，測得密度為 1.75 克/升。以上數據彙整如表 1。

表 1

容器	甲	乙	丙	丁
體積（升）	25.0	12.5	25.0	12.5
裝入的氣體	He	N_2	CO_2	O_2
測量所得數據	1.0 atm	1.75 atm	0.5 mol	1.75 g/L
計算所得原子數	1.01 mol			1.37 mol

假設所有氣體均可視為理想氣體，則有關此四個容器內原子數目多寡的排序，下列哪一項正確？（提示：$0.082 \times 300 = 24.6$）

(A) 甲＞乙＞丁＞丙　　　　　　(B) 丁＞丙＞乙＞甲

(C) 乙＞丁＞甲＞丙　　　　　　(D) 乙＞丙＞丁＞甲

(E) 丙＞乙＞丁＞甲

10. 王同學完成阿司匹靈合成實驗並測定其純度。將合成所得的阿司匹靈粉末 2.83 克，加入 0.50 M 的氫氧化鈉 50 毫升後加熱水解，產生阿司匹靈的鈉鹽與醋酸鈉，其平衡反應式如下：

$$C_9H_8O_4(s) + 2NaOH(aq) \rightarrow C_7H_5O_3Na(aq) + C_2H_3O_2Na(aq) + H_2O(\ell)$$

溶液冷卻後，用了 0.30 M 的鹽酸 32 毫升，才中和了溶液中過量的氫氧化鈉，則其所合成的阿司匹靈純度，最接近下列哪一數值（%）？

(A) 25　　　(B) 49　　　(C) 60　　　(D) 75　　　(E) 98

11. 某氣體甲經光照會進行不可逆反應，產生氣體乙與氣體丙。若在一個密閉容器中實驗，所觀察到氣體甲的濃度與時間的關係如圖2，則下列哪一數值是此反應的反應級數？

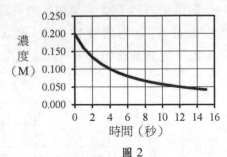
圖 2

    (A) 0
    (B) 1
    (C) 2
    (D) 3
    (E) 4

12. 已知在 37℃ 時，某溶液的滲透壓約相當於 0.2M KI 水溶液的滲透壓，則此溶液的滲透壓（atm）最接近下列哪一數值？
    (A) 5.1　　　(B) 7.7　　　(C) 10.2　　　(D) 12.8　　　(E) 15.4

13. 只由碳、氫、氮、氧四種元素組成的化合物，可能會有數千種，其中分子量最小且結構符合八隅體學說的化合物，其分子量（g/mol）最接近下列哪一數值？
    (A) 43　　　(B) 45　　　(C) 46　　　(D) 47　　　(E) 48

14. 若一基態的氫原子吸收波長爲 94.91 nm 的光子躍遷至較高能階，先釋放出第一個波長爲 1282 nm 的光子，到達某一個能階，然後再釋放出第二個光子回到基態。下列有關此第二光子波長數值範圍的敘述，何者正確？
    (A) $95 \leq \lambda < 120$
    (B) $120 \leq \lambda < 300$
    (C) $300 \leq \lambda < 480$
    (D) $480 \leq \lambda < 600$
    (E) $\lambda > 600$

15. 丙醇與丁醇皆可與過錳酸鉀的酸性溶液反應，下列有關其反應的
　　敘述，何者正確？
　　（甲）1-丙醇會產生丙酮
　　（乙）2-丁醇會產生2-丁酮
　　（丙）2-甲基2-丙醇會產生2-甲基2-丙酮
　　(A) 只有甲　　　　　　(B) 只有乙　　　　　　(C) 只有丙
　　(D) 甲與乙　　　　　　(E) 乙與丙

16. 若某氣體的化學反應：$a\,A(g) + b\,B(g) \rightleftharpoons c\,C(g) + d\,D(g)$ 其平衡
　　常數可用 K_c 與 K_p 表示，則下列關於此化學反應與其平衡常數的
　　敘述，哪一項正確？
　　(A) 當 $a + b = c + d$ 時，$K_c = K_p$
　　(B) 改變反應溫度，平衡常數不變
　　(C) 平衡常數大小可藉由添加催化劑來改變
　　(D) 平衡常數中的 K_c 可由化學反應式來決定，但 K_p 則不能
　　(E) 反應達到平衡時，正反應與逆反應的反應速率皆等於零

17. 下列關於電鍍與無電電鍍（非電解電鍍）的敘述，哪些正確？
　　（甲）鐵器鍍銀時，鐵器應置於陰極
　　（乙）銀鏡反應中，醛反應產生酸的變化為還原反應
　　（丙）醛類與多侖試劑進行的銀鏡反應，為一種無電電鍍
　　（丁）鍍銀後的鐵器可以防止其表面生鏽，是因為銀的離子化趨
　　　　　勢比鐵大
　　(A) 甲乙　　　(B) 甲丙　　　(C) 乙丙　　　(D) 乙丁　　　(E) 丙丁

18. 化學反應中，顏色常伴隨著反應的進行而改變。下列對於反應中
　　顏色變化的敘述，哪些正確？

（甲）以濃硝酸溶解銅片，會產生褐色的一氧化氮氣體

（乙）加熱封閉容器中的 NO_2 與 N_2O_4 的混合氣體，會使顏色變濃

（丙）以稀鹽酸溶解鐵鏽，再加入 KSCN 溶液中，產生紅棕色氣體

（丁）用銅網包住少量鈉金屬後，放入含有酚酞的無色水溶液中，溶液會變為粉紅色

(A) 甲乙　　(B) 甲丙　　(C) 乙丙　　(D) 乙丁　　(E) 丙丁

19. 下列化合物中，哪些具有羥基的官能基？

（甲）順丁烯二酸　　　（乙）果糖　　　　　（丙）澱粉

（丁）纖維素　　　　　（戊）三酸甘油酯

(A) 甲乙丙　　　　　(B) 乙丙丁　　　　　(C) 丙丁戊

(D) 甲乙戊　　　　　(E) 甲丁戊

20. 王同學以排水集氣法做收集氧氣的實驗。當收集氧氣到達如圖 3 之 (a) 所示的程度時，隨即停止收集，並將收集瓶向下壓如圖 3 之 (b) 所示，使得 $h_3 + h_4$ 小於 $h_1 + h_2$。若根據上述實驗，則下列哪一敘述正確？（假設大氣壓力為一大氣壓，溫度為 25℃）

(A) h_1 等於 h_3

(B) h_2 小於 h_4

(C) 壓縮後，收集瓶內水的蒸氣壓變大

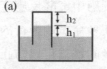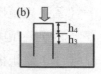

圖 3

(D) 壓縮前後，收集瓶內的氣態水分子數目維持不變

(E) （收集瓶內的氧氣壓力）加上（液柱高度壓力），再加上（水的蒸氣壓），其總和恰等於一大氣壓

二、多選題（占 20 分）

說明：　第 21 題至第 25 題，每題有 5 個選項，其中至少有一個是正確
　　　　的選項，請將正確選項畫記在答案卡之「選擇題答案區」。各
　　　　題之選項獨立判定，所有選項均答對者，得 4 分；答錯 1 個選
　　　　項者，得 2.4 分；答錯 2 個選項者，得 0.8 分；答錯多於 2 個選
　　　　項或所有選項均未作答者，該題以零分計算。

21-22 題為題組

21.　進行秒錶反應實驗時，先將碘酸鉀溶液與亞硫酸氫鈉溶液的濃度
　　控制在一定範圍內，再將一定體積的上述兩種溶液與澱粉溶液混
　　合，就可觀察其變為藍色，以推算反應速率與濃度的關係。其相
　　關的反應式如下：

式（一）：$IO_3^-(aq) + 3\ HSO_3^-(aq) \rightarrow I^-(aq) + 3\ SO_4^{2-}(aq) +$
　　　　　$3\ H^+(aq)$

式（二）：$IO_3^-(aq) + 5\ I^-(aq) + 6\ H^+(aq) \rightarrow 3\ I_2(s) + 3\ H_2O(\ell)$

式（三）：$I_2(s) + HSO_3^-(aq) + H_2O(\ell) \rightarrow 2\ I^-(aq) + SO_4^{2-}(aq) +$
　　　　　$3\ H^+(aq)$

下列有關此實驗的敘述，哪些正確？

(A) 碘與亞硫酸氫根離子反應可生成碘離子

(B) 碘酸根離子與碘離子在鹼性溶液中可生成碘

(C) 碘酸根離子與亞硫酸氫根離子在鹼性溶液中反應，可生成碘

(D) 碘酸根與亞硫酸氫根的初濃度，其關係應為 $3[IO_3^-] >$
　　$[HSO_3^-]$，才會出現藍色

(E) 反應生成的碘，可使含有澱粉的溶液顯現藍色

22. 林同學在秒錶反應實驗後，想探究如何可利用實驗的藍色廢液，設計一個延伸實驗以演示溶液的顏色變化。因此，量取 10 mL 的廢液，慢慢倒入 3 M 的 NaOH 溶液至廢液由藍色變成無色後，繼續多倒入 1mL 的 NaOH 溶液。林同學發現若在此無色廢液中，倒入濃度為 3 M 的 X 溶液 2 mL，則廢液又變藍色。試問下列哪些溶液，分別可以扮演 X 的角色，使無色廢液變成藍色？

(A) 雙氧水   (B) 亞碘酸鈉   (C) 亞硫酸鈉

(D) 硫酸   (E) 鹽酸

23. 甲至戊 5 種化合物的結構如下：

下列有關這些化合物的敘述，哪些正確？

(A) 甲為苯甲酸   (B) 乙可形成分子間氫鍵

(C) 丙具有醯胺官能基

(D) 丁可與多侖試劑反應產生銀鏡

(E) 戊可與弱鹼性的 $KMnO_4$ 溶液反應生成二醇

24. 分子馬達是依靠分子中化學鍵的旋轉，在可控制的條件下，使分子進行有方向的轉動，並輸出動力，例如一個烯基可在照光或加熱下進行異構化反應。三個有機分子甲、乙、丙的結構如圖 4：

下列有關這三個分子的
敘述，哪些正確？

(A) 甲分子是一個平面
　　分子

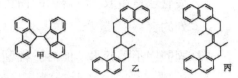

圖4

(B) 常溫下，丙分子只有一個烯基

(C) 丙分子有順、反異構物

(D) 常溫下，乙分子有 3 個可自由旋轉的碳-碳鍵

(E) 甲分子具有順、反異構物

25. 羥基苯甲酸為含有羥基和羧基的芳香族化合物。下列相關敘述，哪些正確？

(A) 若僅改變苯環上羥基和羧基的相對位置，則有三種異構物存在

(B) 異構物中，僅有鄰羥基苯甲酸可和乙酐進行酯化反應

(C) 異構物中，鄰羥基苯甲酸較易生成分子內氫鍵

(D) 鄰羥基苯甲酸具有 sp^2 混成的碳原子有 6 個

(E) 加鹼可以提高羥基苯甲酸在水中的溶解度

第貳部分：非選擇題（占 20 分）

說明：本部分共有二大題，答案必須寫在「答案卷」上，並於題號
　　　欄標明大題號（一、二）與子題號（1、2、……），作答時
　　　不必抄題。計算題必須寫出計算過程，最後答案應連同單位
　　　劃線標出。作答務必使用筆尖較粗之黑色墨水的筆書寫，且
　　　不得使用鉛筆。每一子題配分標於題末。

一、王同學與三位同班同學在「探究與實作」課後，想以「氣體的
　　反應物與生成物的定量關係」作為探究的主題。在張老師的指
　　導下，設計一個可操作的實驗。實驗過程如下：

(1) 從管理室領取一塊含鈣的白色固體甲，先將其打碎後做一系列的實驗。

(2) 固體甲不溶於水，但溶於稀鹽酸，並產生一種無色氣體乙。

(3) 氣體乙會使澄清的石灰水混濁，產生沉澱丙，繼續通入氣體乙，則溶液的濁度逐漸增高，達最高點後逐漸降低。至此同學們討論並推測固體甲與沉澱丙可能是同一化合物，而且更進一步推測出甲、乙與丙是什麼化合物。不過，對於如何測定氣體與沉澱的量束手無策，於是再請教了張老師。老師借給了同學們氣體計量器與濁度計各一部。四位同學研討了許久，並做了多次預備實驗，終於找出了溶液的濁度與沉澱的質量關係。

(4) 為了研究氣體反應物乙與固體生成物丙的定量關係，取了一個盛裝氣體乙的鋼瓶，在 20℃ 以及 795 mm-Hg 的壓力下，經過氣體計量器，徐徐把氣體乙連續通入 5 升的澄清石灰水 $Ca(OH)_2$ 中，則見溶液逐漸變渾濁。

(5) 在通入氣體乙的過程中，每通入 20 mL 氣體，就測量溶液的濁度 T。

(6) 最後將溶液的濁度 T 換算成沉澱丙的質量 W，得表 2。

表 2

測量序數	1	2	3	4	5	6	7	8
氣體乙的體積V（mL）	20	40	60	80	100	120	140	160
沉澱丙的質量W（mg）	87	175	260	350	370	280	190	105

已知在此實驗的溫度與壓力下，1 mol 的氣體約 23 升，則根據實驗結果回答下列問題。（共 12 分）

1. 在答案卷作圖區的方格紙上，以自變數為 X 軸，描繪 V 與 W 的關係圖。（4 分）

2. 試從所繪圖上，找出濁度最高（亦沉澱量 W 最多）時，通入氣體的毫升數。（2 分）

3. 寫出固體甲與稀鹽酸反應產生氣體乙的平衡化學反應式。（2 分）

4. 為什麼通入氣體乙於澄清的 $Ca(OH)_2$ 溶液，則見溶液的濁度逐漸增高。（2 分）

5. 在此實驗，為什麼不直接秤取沉澱丙的質量，而採用測量溶液的濁度，再換算成沉澱丙的質量？（2 分）

二、去年（2016）諾貝爾化學獎，頒給分子機械的研究。它是最小機械的極致，將使奈米機器人成為可行，例如分子肌肉需要一個可擴張和收縮的結構，並且這兩種結構可以選擇性地轉換，類似於肌肉的功能。

化學家設計了一個化合物，其化學構造如圖 5 的化合物甲，具有環烷、鏈烷及阻塞團三部分，如圖 6。合成時將兩個甲分子互相穿插，得到二聚體乙，如圖 7。利用過渡金屬錯合物中，金屬離子對配位數目及配位結構具有強烈的選擇性，這些高度的專一性質可控制金屬錯合物的生成。例如綠色鎳 (II) 離子水溶液中逐滴加入乙二胺溶液，即漸漸轉變成藍、靛紫色。反之，銅 (I) 離子只與四個氨結合。

若將莫耳比為 1：1 的二聚體乙與 Cu(I) 離子，在無氧的適當條件下進行化學反應，可得到化合物丙。若將化合物丙與氧氣在適當條件下進行化學反應，可得到化合物丁，其中金屬離子錯合物的配位幾何形狀如圖 8。若用電化學控制進行反應，可使化合物丙和丁兩種結構選擇性轉換。

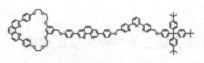

圖 5 化合物甲

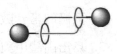

圖 7 二聚體乙

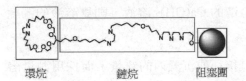

環烷　　　　　鏈烷　　　　阻塞團

圖 6 化合物甲的三部份示意圖

圖 8 金屬離子的錯合物

根據這些敘述，回答下列問題（每一子題 2 分，共 8 分）：

1. 根據圖 6 的示意圖，畫出化合物甲中鏈烷的雙牙配位基及三牙配位基結構。（2 分）

2. 寫出化合物丙中，Cu(I) 離子的配位數目。（2 分）

3. 寫出化合物丁中金屬離子的氧化態及其配位數目。（2 分）

4. 寫出 Cu(I) 離子的電子組態。（2 分）

106年度指定科目考試化學科試題詳解

第壹部分：選擇題

一、單選題

1. **D**

   【解析】 定量吸管跟定量瓶都可以準確測量，滴定管也需要準確。但是量筒雖然可以測量體積，但因為管徑大，而且製造時沒經過精密校正，所以誤差較大，不適合精確測量液體體積。

2. **E**

   【解析】 (A) PM2.5 並不是化合物，而是混合物。

   (B) 膠體溶液是指一定大小的固體顆粒藥物或高分子化合物分散在溶媒中所形成的溶液。由於懸浮而使光線散射，產生混濁。霧霾屬於氣體膠體溶液。

   (C) 天然氣的主要成份為甲烷，是溫室效應氣體的其中一種。

   (D) 奈米顆粒也是污染的一部分。

   (E) 空氣中金屬污染的來源可能為大自然或人為產生（如燃燒製程、電鍍工業等等）。

3. **B**

   【解析】 碳稅總金額 = (二氧化碳重量 / 1000) × 0.3

   又二氧化碳重量可由辛烷求得辛烷分子式 = C_8H_{18}，

   每 1 莫耳的辛烷，可以產生 8 莫耳的二氧化碳。

只要算出辛烷總重 $\Rightarrow$ 可算出辛烷莫耳數

$\Rightarrow$ 可算出二氧化碳莫耳數 $\Rightarrow$ 算出二氧化碳重量

辛烷總重 = 體積 × 密度 = $25 \times 1000 \times 0.8 = 20000$ (g)

辛烷分子量 = $12 \times 8 + 1 \times 18 = 114$

二氧化碳總重 = 二氧化碳莫耳數 × 二氧化碳分子量

= (辛烷/辛烷分子量) $\times 8 \times 44$

= $(20000 / 114) \times 8 \times 44 = 61754$ (g)

碳稅 = $(61754 / 1000) \times 0.3 = 18.5$，選 (B)。

4. D

【解析】　從題目可知「只有在 pH 7.0 時有一個滴定終點」

所以可推知必為酸鹼滴定，且為強鹼滴定強酸

（因為強鹼滴定弱酸的滴定終點 > pH 8）

所以 (B) 為弱鹼，(A) (C) (E) 皆為弱酸，

所以答案選 (D) 鹽酸為強酸。

5. C

【解析】　丙二烯結構如下圖

(A) 錯誤：幾何異構物，也就是順反異構物，必然有兩
個以上的不同取代基。但是丙二烯並沒有。

(B) 錯誤：為共價鍵，但無極性。

(C) 正確：因為中間碳只與兩個原子鍵結。

(D) 錯誤：末端碳原子與三個原子鍵結，混成軌域 sp^2。

(E) 錯誤：sp 混成，夾角約 180 度。

6. **A or B**

【解析】 根據題目：已知甲的飽和蒸氣壓 30，而乙的飽和蒸氣
壓 60。甲蒸氣的莫耳分率為 0.25，求乙的莫耳分率？
根據氣體分壓定律的概念，有分兩部分，溶液跟蒸氣
中的莫耳分率是不同的。而本題題目敘述不清，問乙
的莫耳分率，但並未說明是問，溶液中或是蒸氣中？
假設問蒸氣中，解法如下：
若蒸氣甲的莫耳分率 Y，則蒸氣乙的莫耳分率 (1 − Y)
題目提供 Y = 0.25，則蒸氣乙的莫耳分率 = 1 − 0.25
= 0.75，選 (A)。

假設問溶液中，解法如下：
已知：混合氣體之總壓力等於各成份氣體分壓之和
分壓 = 甲的飽和蒸氣壓 × 甲在溶液中的莫耳分率
甲蒸氣在蒸氣中的莫耳分率 = 甲分壓/總壓
設甲在溶液中莫耳分率 k，
則乙在溶液中莫耳分率 (1 − k)
甲在溶液中莫耳分率 = 0.25
= 30 × k / [30 × k + 60 × (1 − k)] 可求出 k = 0.4
甲在溶液中的莫耳分率 = 0.4
乙在溶液中莫耳分率 = 1 − 0.4 = 0.6，答案選 (B)。
大考中心公佈答案 (A) (B) 皆可。

7. **A**

   【解析】根據題目所述，配置五週的的氫氧化鈉溶液，與二氧化碳中和，酸鹼值會改變。所以可推理：要中和鹽酸，配置五週所使用的量，會比新配置的，要用更多量。但是中和曲線本身不會改變，只是用量變多（x軸：氫氧化鈉體積，中和點往右移）。所以選 (A)。

8. **B**

   【解析】碘酸銅微溶於水，溶解一半的量，則需要一半的溶劑。所以 $V_1 : V_2 = 2 : 1$。選 (B)。

9. **D**

   【解析】理想氣體狀況下，同溫同壓同體積，則同莫耳數。

   又 $PV = nRT$　壓力 × 體積，可得到莫耳數比。

   $(P_1 \times V_1) : (P_2 \times V_2) = n_1 : n_2$

   又莫耳數比 = 分子數比，但題目問的是原子數比，須考慮

   先說分子數比　甲：乙：丙：丁

   　　　　　　 $= (1 \times 25) : (1.75 \times 12.5) : (0.5 \times 25) :$

   　　　　　　 $=　8　:　7　:　4$

   注意：為何不算丁？因為表格已給丁 = 1.37 mol

   又表格已給甲 = 1.01 mol

   根據比例可算出　乙 = 0.875 mol　丙 = 0.5 mol

   但別忘了這只是分子莫耳數

   原子莫耳數　甲：乙：丙：丁

   　　　　　　 $= (1.01 \times 1) : (0.875 \times 2) : (0.5 \times 3) : (1.37)$

   　　　　　　 $= 1.01 : 1.7 : 1.5 : 1.37$

   乙＞丙＞丁＞甲，答案選 (D)。

10. **B**

【解析】氫氧化鈉用在製造阿斯匹靈的莫耳數

= 總莫耳數 − 鹽酸莫耳數 = $(0.5 \times 50 - 0.3 \times 32) / 1000$

= $(25 - 9.6) / 1000 = 0.0154$ (mol)

又根據化學式每消耗 2 莫耳氫氧化鈉，產生 1 莫耳

阿斯匹靈（分子量 $C_7H_5O_3Na = 12 \times 7 + 1 \times 5 + 16 \times 3$

$+ 23 = 160$），故阿斯匹靈實際產重 = 阿斯匹靈莫耳數

× 阿斯匹靈分子量 = $(0.0154 \times 0.5) \times 160 = 1.232$ (g)

純度 = 實際產重/產物總重 = $1.2323 / 2.83 = 43.5$ %，

答案選 (B)。

11. **C**

【解析】如何快速判斷反應爲零級、一級或二級？

零級反應：濃度下降爲斜直線。

一級反應：濃度下降爲曲線，且半生期固定。

二級反應：濃度下降爲曲線，半生期與濃度成反比，

　　　　　所以每次半生期都會是前一次的兩倍。

由圖表可知：濃度下降爲曲線。

第一次半生期爲 $4 - 0 = 4$ 秒，

第二次半生期爲 $12 - 4 = 8$ 秒。

所以反應級數爲 2。答案選 (C)。

12. **C**

【解析】滲透壓公式 $\pi = C \times R \times T = (n / V) \times R \times T$

其中的 n 要考慮解離，所以要使用離子的莫耳數。

每一個 KI 可解離出兩個離子，

所以溶液的離子濃度可視為 $0.2 \times 2 = 0.4$ (M)

代入公式求解，R = 0.082，T = 273 + 37 = 310

$\pi = 0.4 \times 0.082 \times 310 = 10.168$，答案選 (C)。

13. **A**

【解析】 題目說：只由碳、氫、氮、氧四種元素組成的化合物。

代表四種元素都存在，所以如果直接思考二氧化碳符合八隅體，就直接選分子量 44，就會錯。所以每種元素都至少有一個，最小的就是 $C_1H_1O_1N_1 = 43$，這種分子是否符合八隅體呢？

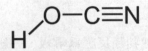

H：原本 1 顆價電子，與 O 形成單鍵 → 2 顆電子

O：原本 6 顆價電子，與 H 還有 C 鍵結 → 8 顆電子

C：原本 4 顆價電子，與 O 還有 N 鍵結 → 8 顆電子

N：原本 5 顆價電子，與 C 鍵結 → 8 顆電子

結論：符合，答案選 (A)。

14. **A**

【解析】 先吸收能量，再分兩次釋放能量。可圖解如下：

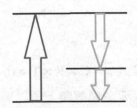

可知吸收能量 = 釋放 1 + 釋放 2

根據公式 $E = \dfrac{hc}{\lambda}$

將波長代入，可得如下：(設第二光子波長 Y)

$E = h \times c / 94.91 = (h \times c / 1282) + (h \times c / Y)$

$1 / 94.91 = (1 / 1282) + (1 / Y)$

$0.01053 = 0.00078 + (1 / Y)$

$(1 / Y) = 0.01053 - 0.0078 = 0.009756$

$Y = 1 / 0.009756 = 102.5$，答案選 (A)。

15. **B**

【解析】

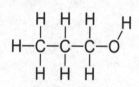

1-丙醇（一級醇）　　　　2-丁醇（二級醇）

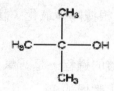

2-甲基-2-丙醇（三級醇）

不同的醇類氧化也不同：

一級醇：氧化可變成 醛類。

二級醇：氧化可變成 酮類。

三級醇：無法被氧化。

所以只有乙正確。答案選 (B)。

16. **A**

【解析】 (A) 正確：$K_p = K_c(RT)^{生成物與反應物氣體莫耳數差}$。

若 $a+b = c+d$，則莫耳數差 = 0，所以 $K_p = K_c$

(B) 錯誤：改變溫度，會改變反應平衡。（依據反應是吸熱或放熱而改變）

(C) 錯誤：催化劑只能改變活化能，不能改變反應平衡。

(D) 錯誤：因為 K_p 與 K_c 連動，所以兩者都會受到化學反應式的影響。

(E) 錯誤：平衡時，正逆反應仍同時進行，達到動態平衡。

答案選 (A)。

17. **B**

【解析】 （甲）鐵器鍍銀，是屬於「電鍍」，被鍍物要置於陰極。使銀離子（Ag^+）被還原為金屬固體銀（$Ag_{(S)}$）。根據陽極氧化，陰極還原，所以應置於陰極。

（乙）醛類變為酸的過程，是「氧化反應」。（中心碳原子的氧化數增加）

（丙）非電解電鍍，不需要外加電壓，使電解質直接在物體表面（非導電體也可），進行氧化還原。銀鏡反應不須外加電壓，而且會在玻璃試管表面，形成銀層。是一種非電解電鍍。

（丁）銀的活性比鐵小，不易氧化，抗腐蝕性佳。

所以（甲）（丙）正確。答案選 (B)。

18. **D**

【解析】 （甲）銅與濃硝酸反應：

$Cu + 4HNO_3 \rightarrow Cu(NO_3)_2 + 2N_2O + 2H_2O$

產生的是二氧化氮（紅褐色）。

一氧化氮是無色的。

（乙）二氧化氮與四氧化二氮：互相轉換（可逆反應）

$N_2O_4 \rightleftharpoons 2NO_2 \qquad \Delta H > 0$

　無色　　　紅棕色

加熱時，反應往右，所以顏色變濃。

（丙）鐵鏽與稀鹽酸反應：

$Fe_2O_3 + 6HCl \rightarrow 2FeCl_3 + 3H_2O$

產生鐵離子 Fe^{3+}。

KSCN（硫氰酸鉀）可作為檢驗的試劑，在酸性中可產生紅色錯離子 $[Fe(SCN)_x]^{3-x}(x = 1\sim6)$。

並不會產生紅色氣體。

（丁）銅網包住鈉，金屬固體銅的活性遠小於鈉，兩者無反應。

鈉與水反應，生成氫氧化鈉，使溶液成鹼性，酚酞指示劑變為粉紅。（酸無鹼紅）

正確的為（乙）（丁）。答案選 (D)。

19. **B**

【解析】 羥（ㄑㄧㄤ）基（又稱氫氧基，化學式–OH）。

葡萄糖、果糖上都存在；而澱粉是由單醣組成，所以也會有。

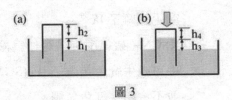

（甲）順丁烯二酸（無–OH）

（戊）三酸甘油酯（無–OH）

正確為（乙）（丙）（丁）。答案選 (B)。

20. **E**

【解析】

設 h_1 產生壓力 P_1　　　h_3 產生壓力 P_3

　　h_2 產生壓力 P_2　　　h_4 產生壓力 P_4

大氣壓力號 P_a

已知在同一水平面上，壓力相等。

可知 $P_1 + P_2 = P_3 + P_4$

題目敘述「$h_3 + h_4 < h_1 + h_2$」

又「氣體壓力」與「氣體體積」成反比，

所以 $P_4 > P_2$（氣體體積變小，$h_4 < h_2$）

h_3 小於或等於 h_1

所以

(A) 錯誤。

(B) 錯誤。

(C) 錯誤：蒸氣壓不受水面氣壓影響。

(D) 錯誤：空間變小，能蒸發的水分子也變少。

(E) 正確。

答案選 (E)。

二、多選題

<u>21-22 為題組</u>

21. **ADE**

【解析】　式（一）：$IO_3^-(aq) + 3\ HSO_3^-(aq)$

$\rightarrow I^-(aq) + 3\ SO_4^{2-}(aq) + 3\ H^+(aq)$

式（二）：$IO_3^-(aq) + 5\ I^-(aq) + 6\ H^+(aq)$

$\rightarrow 3\ I_2(s) + 3\ H_2O(\ell)$

式（三）：$I_2(s) + HSO_3^-(aq) + H_2O(\ell)$

$\rightarrow 2\ I^-(aq) + SO_4^{2-}(aq) + 3\ H^+(aq)$

(A) 正確：根據反應式（三）反應物（碘＋亞硫酸氫根離子）生成物（碘離子）。

(B) 錯誤：根據反應式（二）反應物（氫離子）代表在酸性溶液中。

(C) 錯誤：根據反應式（一）（二），必須酸性下才能生成碘。

(D) 正確：根據反應式（一），亞硫酸氫根離子先消耗完，剩餘的碘酸根離子才會進行到反應式（二），

　　　　而亞硫酸氫根離子的消耗量，是碘酸根離子的三

　　　　倍。所以碘酸根離子必須大於亞硫酸氫根離子的

　　　　$1/3$。可寫爲數學式 $[IO_3^-] / [HSO_3^-] > (1/3)$

　　　　兩邊同乘 3：$3[IO_3^-] > [HSO_3^-]$，

　　(E) 正確：碘與澱粉結合，顯現藍色。

　　答案選 (A) (D) (E)。

22. DE

【解析】　倒入 NaOH 溶液（強鹼）會消耗氫離子，使反應無法

　　　　進行，只要以強酸補充大量氫離子，中和強鹼，並提

　　　　高氫離子濃度，反應便可向右進行，產生碘，並顯現

　　　　藍色。硫酸、鹽酸都可以。答案選 (D) (E)。

23. ACE

【解析】 (A) 正確：苯環上一個氫被羧基取代 = 苯甲酸。

　　　(B) 錯誤：當 H 原子與 F、O、N 鍵結後，可與另一個

　　　　　分子上的 H 原子（也要與 F、O、N 鍵結），形成

　　　　　分子間氫鍵。此分子上並沒有這樣的 H 原子。

　　　(C) 正確：所謂的醯胺官能基如下圖 N 一邊接在 C 上，

　　　　　另兩邊則接 R，R 可爲有機團或 H 原子。

　　　　原圖中的 N 接兩個甲基，是醯胺官能基。

(D) 錯誤：要產生銀鏡反應必須是**醛類**，但題目中是**酮**類。

(E) 正確：遇到強氧化劑，並且反應於低溫、鹼性的環境中進行時，烯類雙鍵氧化為二醇。

答案選 (A) (C) (E)。

24. **BCD**

【解析】(A) 錯誤：兩環中間的單鍵可旋轉，所以非平面分子。

(B) 正確：環內雙鍵是可共振不固定位置，並非烯基。

(C) 正確：雙鍵兩邊的多環可以在同邊（順式）或不同邊（反式）。

(D) 正確：碳-碳單鍵且不在環內，就可以旋轉，有三處。

(E) 錯誤：不存在烯基，無法形成順反異構物。

25. **ACE**

【解析】 羥基苯甲酸（對位）　　　　羥基苯甲酸（鄰位）

羥基苯甲酸（間位）

(A) 正確：苯環上有三種排列，鄰位 + 間位 + 對位。

(B) 錯誤：乙酐是乙酸酐，可和醇類進行酯化反應。羥基苯甲酸上有 -OH 三種都可。

(C) 正確：分子內氫鍵是，兩個與 O 鍵結的 H 原子之間產生。鄰位最靠近所以容易。

(D) 錯誤：苯環上的 6 個碳原子都是 sp^2，但是 -COOH 的碳原子也是 sp^2，總共 7 個。

(E) 正確：加鹼有助於羥基苯甲酸上的 -COOH 解離，幫助溶解。

第貳部分：非選擇題

一、(1) 如圖

(2) 94 ml

(3) $CaCO_3(s) + 2HCl(aq) \rightarrow H_2O(l) + CO_2(g) + CaCl_2(aq)$

(4) 產生碳酸鈣沈澱

(5) 利用濁度計可連續觀測，不用暫停實驗。

【解析】 (1) 如圖

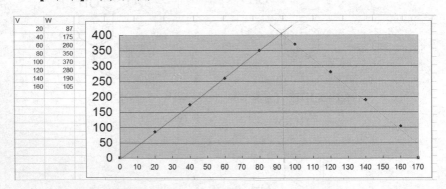

(2) 上升線與下降線的交叉點，往下對到 X 軸，大約是 94 ml。

(3) $CaCO_3(s) + 2HCl(aq) \rightarrow H_2O(l) + CO_2(g) + CaCl_2(aq)$

(4) 產生碳酸鈣沈澱

$Ca(OH)_2(s) + CO_2(g) \rightarrow CaCO_3(s) + H_2O(l)$

(5) 利用濁度計可連續觀測，不用暫停實驗。若要計算沈澱量必須先過濾烘乾，而且可能有損失，不夠準確。還有，雖然不太可能加熱太久，但攝氏 900 度以上，碳酸鈣會開始分解為二氧化碳跟氧化鈣。

二、(1) 如圖

(2) 4

(3) 氧化態為 +2，配位數為 5。

(4) Cu(I) : [Ar] 3d10

【解析】 (1) 所謂的雙牙配對基，可提供二對「孤電子對」與中心原子結合。

三牙配對基則需有三對「孤電子對」與中心原子結合。

題目指的是化合物甲的鏈烷部位，如下圖

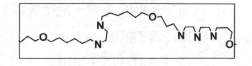

鏈烷

也就是如下

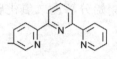

符合的雙牙基部位：

（兩個 N 提供「孤電子對」）

三牙基部位

（三個 N 提供「孤電子對」）

(2) Cu(I) 就是 Cu⁺

　　根據題目所述「銅 (I) 離子只與四個氨結合」。

　　所以配位數為 4。

(3) 丁的結構如題目圖 8

　　可明顯看出其配位數為 5，

　　而丁為丙氧化之後的產物。

圖 8　金屬離子的錯合物

　　（由題目所述化合物丙與氧氣在適當條件下進行化

　　學反應，可得到化合物丁）

　　而丙為 Cu(I)，則丁為 Cu(II)。

　　所以氧化態為 +2，配位數為 5。

(4) 關於電子組態，已知 Cu : [Ar] 3d10 4s1，

　　所以 Cu(I) : [Ar] 3d10。

　　（軌域以全滿或半滿為優先，能量較低。）

106 年大學入學指定科目考試試題
生物考科

第壹部分：選擇題（占 76 分）

一、單選題（占 20 分）

說明：第 1 題至第 20 題，每題有 4 個選項，其中只有一個是正確或
　　　最適當的選項，請畫記在答案卡之「選擇題答案區」。各題
　　　答對者，得 1 分；答錯、未作答或畫記多於一個選項者，該
　　　題以零分計算。

1. 肌肉細胞在組織缺氧的條件下，較容易發生下列何種現象？
   (A) 停止糖解作用　　　　　　(B) 促進丙酮酸進入粒線體
   (C) 增加 ATP 產量　　　　　　(D) 造成乳酸堆積

2. 下列何者可利用空氣中的氮氣，作為植物體內氮元素之來源？
   (A) 酢醬草　　　　　　　　　(B) 豆科植物
   (C) 根瘤菌　　　　　　　　　(D) 真菌

3. 下列何者是筆筒樹、二葉松、水稻、蘭花及百合花，其共同所屬
   的分類群？
   (A) 蘚苔植物　　　　　　　　(B) 維管束植物
   (C) 種子植物　　　　　　　　(D) 單子葉植物

4. 相較於一般細胞，下列哪一種胞器在巨噬細胞中比較發達？
   (A) 細胞核　　　　　　　　　(B) 粒線體
   (C) 平滑型內質網　　　　　　(D) 溶體

5. 有關免疫作用的敘述，下列何者正確？
   (A) 抗蛇毒血清可刺激人體產生後天性免疫作用以對抗蛇毒
   (B) 失去活性的病原體無法刺激人體產生後天性免疫作用，故不能被製成疫苗
   (C) 雙胞胎兄妹若接受另一方的器官移植，並不會發生免疫排斥現象
   (D) 人體對花粉所產生的過敏反應與組織胺的釋放有關

6. 有關人體 Na^+ 恆定性的維持，下列敘述何者正確？
   (A) 心房細胞所產生的激素可調控腎小管對於 Na^+ 的再吸收
   (B) 體液中 Na^+ 的含量過多時，會造成血壓下降
   (C) 腎上腺髓質分泌的醛固酮可增加集尿管對 Na^+ 的通透性
   (D) Na^+ 的增加會引發腎素（renin）的分泌

7. 圖 1 為某種組織的細胞示意圖，下列敘述何者正確？
   (A) 大腦意識可支配其功能性
   (B) 特化後能產生自發性動作電位
   (C) 催產素可增加此細胞的收縮頻率
   (D) 副交感神經可提高其收縮頻率

圖 1

8. 有關固醇類激素的敘述，下列何者正確？
   (A) 需與細胞膜上受體結合，才可進入細胞中
   (B) 由膽固醇衍生而成的生長激素屬於此類激素
   (C) 第二傳訊者須參與此類激素對生理的調節作用
   (D) 可進入細胞核中，刺激目標基因的轉錄作用

9. 有關原核細胞和真核細胞的基因表現，下列敘述何者正確？

(A) 都需要進行 mRNA 的剪接

(B) 都需先將 mRNA 送出細胞核，再進行轉譯

(C) 都在核糖體上進行轉譯

(D) 都以操縱組的方式調控其基因的表現

10. 下列為膽汁的相關敘述，何者正確？

(A) 其分泌受到神經與內分泌的雙重調節

(B) 由胰臟製造後儲存於膽囊

(C) 可消化分解脂肪成為小分子

(D) 膽囊收縮素能促進膽汁的生成

11-12 題為題組

美國聯邦食品藥物管理局於 2015 年核准通過一種經生物技術所產生的鮭魚上市，此類鮭魚產生的過程簡述如下：科學家在大西洋鮭中，加入了大洋鱈魚抗凍蛋白基因的啟動子及大鱗鮭魚的生長激素基因，利用大洋鱈魚的抗凍蛋白基因的啟動子來啟動大鱗鮭魚的生長激素基因。經過改良後的大西洋鮭，其生長速度加快。

11. 有關改良後所產生的大西洋鮭，下列敘述何者正確？

(A) 其體內來自於大洋鱈魚的抗凍蛋白會增加

(B) 此種基因編排的目的主要是增加鮭魚抗低溫能力

(C) 改良後的鮭魚會產生具有抗凍能力的生長激素

(D) 改良後的鮭魚長得快速是因為大鱗鮭魚生長激素所造成的結果

12. 若以白色長方形表示大洋鱈魚的啟動子，以灰色長方形表示大鱗鮭魚的生長激素基因。有關大洋鱈魚的啟動子及大鱗鮭魚的生長激素基因，二者在改良鮭魚基因體上的相對位置，下列何者正確？

13. 圖2為某生以顯微鏡觀測動物血液抹片的結果，下列敘述何者正確？

(A) 圖中黑色比例尺顯示「10」的尺寸單位是 mm

(B) 乙細胞可攜帶氧氣，但無法攜帶二氧化碳

(C) 甲細胞的細胞核呈現多葉狀，顯示其正進行分裂

(D) 此血液抹片不可能由青蛙血製成

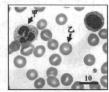

圖2

14. 有關演化的敘述，下列何者正確？

(A) 突變常對生物體有害，故不利於生物演化

(B) 一個正在演化的族群，其某一等位基因出現的頻率不符合哈溫定律

(C) 人類大量使用抗生素，使得抗藥性的細菌增加，為人擇作用的結果

(D) 拉馬克用進廢退理論，是達爾文演化論的基礎

15. 下列與植物防禦相關的敘述，何者正確？

(A) 昆蟲攝食植物葉片時，植物會促使昆蟲產生茉莉酸以干擾其消化作用

(B) 水楊酸可導致病原菌細胞壁增厚，而使病原菌失去致病作用

(C) 植物受病原體感染時所引發的細胞凋亡（自發性死亡），可避免病原體的擴散

(D) 玉米葉片被毛蟲咬傷後會釋出特定揮發物質，吸引寄生蜂前來寄生，造成毛蟲死亡屬化學防禦機制

16. 圖 3 表示神經細胞受到刺激而產生動作電位時，其細胞膜的電位
　　變化。關於圖中甲點的敘述，下列何者正確？
　　(A) 細胞膜對鉀離子的通透性大於鈉離子
　　(B) 多數的鈉離子通道處於開啟狀態
　　(C) 胞內的鈉離子濃度高於胞外的鈉離子濃度
　　(D) 鈉鉀幫浦（Na/K Pump）停止作用

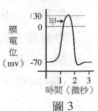
圖 3

17. 關於豌豆基因的實驗，若以 Y 表示黃色等位基因，y 表示綠色等
　　位基因；R 表示圓形等位基因，r 表示皺皮等位基因，且大寫字
　　母表示顯性等位基因。今有一顆黃色圓形豌豆發芽長成後的植株
　　與一顆綠色皺皮豌豆長成的植株雜交後，得到的種子有一半是黃
　　色圓形，另一半是綠色圓形。則下列何者是原來作為親代的黃色
　　圓形豌豆的基因型？
　　(A) YYRR　　　(B) YyRR　　　(C) YYRr　　　(D) YyRr

18. 下列有關干擾素的敘述，何者正確？
　　(A) 其作用屬於專一性免疫反應
　　(B) 釋放干擾素的細胞本身可因此獲得保護
　　(C) 其主要是因應細菌病原體的感染
　　(D) 可誘發鄰近細胞合成免疫相關的蛋白質

19. 圖 4 為某動物棲地在道路開發前後的變化，開發後棲地成為數個
　　小單位。下列敘述何者正確？
　　(A) 因棲地被劃分為數個小單位，該物種
　　　　之基因多樣性會增高
　　(B) 因單位棲地面積變小，因此邊緣效應
　　　　（邊際效應）會隨之提升
　　(C) 道路的存在可提升不同單位棲地生物的基因交流機會
　　(D) 道路的持續開發不會影響每個小單位棲地內部的生物種類

道路開發前　道路開發後
圖 4

20. 在植物組織培養上，常利用 X 及 Y 兩種植物激素以促進植物細胞
    的生長與分化。培養基中 X 及 Y 的比例會影響分化的結果，提高
    X 的濃度，有利癒合組織長出芽；而提高 Y 的濃度，則有利癒合
    組織長出根。下列何者為 X 及 Y？
    (A) 細胞分裂素、生長素　　　　(B) 細胞分裂素、吉貝素
    (C) 生長素、細胞分裂素　　　　(D) 吉貝素、細胞分裂素

二、多選題（占 30 分）

說明：第 21 題至第 35 題，每題有 5 個選項，其中至少有一個是正
　　　確的選項，請將正確選項畫記在答案卡之「選擇題答案區」。
　　　各題之選項獨立判定，所有選項均答對者，得 2 分；答錯 1
　　　個選項者，得 1.2 分；答錯 2 個選項者，得 0.4 分；答錯多於
　　　2 個選項或所有選項均未作答者，該題以零分計算。

21. 圖 5 為某遺傳物質經不同酵素處理後的電泳圖。下列哪些可能是
    此遺傳物質的供應者？
    (A) 大腸桿菌　　　(B) 噬菌體
    (C) 流感病毒　　　(D) 人類免疫缺乏病毒
    (E) 白喉桿菌

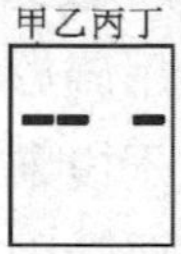

    甲乙丙丁
    甲：未做處理
    乙：DNA 水解酶
    丙：RNA 水解酶
    丁：蛋白質水解酶
    圖 5

22. 菊花屬於短日照植物，火龍果則屬於長日照植物。有關彰化地區
    的菊花田和火龍果田夜晚點燈的原因，下列哪些正確？
    (A) 由於植物的芽端具有向光性，照光是為了讓植株更加挺拔
    (B) 藉由燈泡長期照射產熱，篩選出適合酷夏生長的抗高溫植株
    (C) 藉由夜間照光使菊花延後開花，以控制盛開菊花的供應時間
    (D) 藉由夜間照光促進火龍果花芽的形成，以增加當季的火龍果
        產量
    (E) 若短時間中斷光照後，又重新開啟燈光，可刺激菊花開花

23. 下列有關人體淋巴循環系統的敘述，哪些正確？
    (A) 淋巴管平滑肌的收縮是造成淋巴流動的主要動力來源
    (B) 淋巴管中含有瓣膜，可調節淋巴的雙向運輸
    (C) 分布於腸內的微淋巴管能夠吸收脂溶性養分
    (D) 淋巴循環系統與心血管循環系統各自獨立互不影響
    (E) 小腸的乳糜管屬於淋巴管

24. 有關內分泌系統調控生理現象，下列敘述哪些正確？
    (A) 內分泌系統不受神經系統的調控
    (B) 黃體素（黃體酮）大量減少時，會造成子宮內膜剝落
    (C) 腦垂腺後葉所合成的抗利尿激素，可促進水分再吸收
    (D) 松果腺褪黑激素的分泌與調節生理時鐘有關
    (E) 胰島素促使葡萄糖進入細胞，也會促使細胞內葡萄糖的代謝

25. 亞硝酸使某細胞 DNA 上的鹼基對 $\substack{5'\cdots TCC\cdots 3' \\ |\,|\,| \\ 3'\cdots AGG\cdots 5'}$ 突變為 $\substack{5'\cdots TUC\cdots 3' \\ |\,|\,| \\ 3'\cdots AGG\cdots 5'}$，當此 DNA 經複製後，U 才被剔除並在此空位依照其現在相對的鹼基進行修復，則其子代細胞 DNA 在此位置上會出現何種鹼基對？

    (A) $\substack{5'\cdots TAC\cdots 3' \\ |\,|\,| \\ 3'\cdots ATG\cdots 5'}$　　　(B) $\substack{5'\cdots TTC\cdots 3' \\ |\,|\,| \\ 3'\cdots AAG\cdots 5'}$　　　(C) $\substack{5'\cdots TUC\cdots 3' \\ |\,|\,| \\ 3'\cdots AAG\cdots 5'}$

    (D) $\substack{5'\cdots TCC\cdots 3' \\ |\,|\,| \\ 3'\cdots AGG\cdots 5'}$　　　(E) $\substack{5'\cdots TGC\cdots 3' \\ |\,|\,| \\ 3'\cdots ACG\cdots 5'}$

26. 有關各種動物的特性，下列敘述哪些正確？
    (A) 苗栗山區出沒的石虎是外來種
    (B) 硬骨魚是以氨的形式排除含氮代謝物
    (C) 水蚤腹部快速跳動的構造是心臟
    (D) 黑面琵鷺不屬於遷徙性鳥類
    (E) 水螅的消化腔只有一個開口

27. 下列哪些蛋白質與 CO_2 在人體血液中的運送有關？
    (A) 血紅素
    (B) 碳酸酐
    (C) 血漿白蛋白
    (D) 血纖維蛋白
    (E) 免疫球蛋白

28. 下列有關人類消化作用及調控的敘述，哪些正確？
    (A) 澱粉的消化從口腔開始
    (B) 小腦是唾液分泌的控制中樞
    (C) 人類可消化蔬菜細胞壁的主要成分
    (D) 肝門靜脈是消化道的血液輸入下大靜脈前會經過的路徑
    (E) 胰泌素由十二指腸所產生，可刺激膽汁與胰液的分泌

29. 在自然農法的操作中，常利用施放草蛉卵來防治蚜蟲的繁殖。下
    列敘述哪些正確？
    (A) 草蛉利用蚜蟲性費洛蒙來捕食蚜蟲
    (B) 長期施用草蛉卵對當地生態系沒有影響
    (C) 其效果易受環境因子影響，較不適用於即時的防治
    (D) 草蛉與蚜蟲的關係猶如菟絲子與其所攀附之綠色植物
    (E) 與化學防治法的專一性相比，施放草蛉卵的防治法其專一性
        較高

30-31 題為題組

　　近期全球爆發嚴重的茲卡病毒疫情。此病毒可由母親傳染給胎
兒，造成許多幼兒小腦症案例。茲卡病毒與登革熱一樣突變快，因此
較難用疫苗來預防。茲卡病毒侵入動物細胞的機制如圖 6，研究更指
出，當與登革熱交叉感染時，會增加茲卡病毒的致病力。因此防止蚊
蟲滋生是目前主要的防治方法。

30. 有關茲卡病毒及其致病機制，下列哪些正確？

(A) 是一種單股 DNA 病毒

(B) 會專一感染特定動物宿主

(C) 可在宿主細胞外獨立增殖病毒顆粒

(D) 細胞的胞吞作用可以幫助病毒侵入細胞

(E) 去除其套膜蛋白不會降低病毒侵入細胞的能力

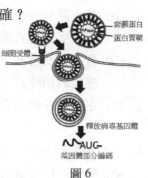

圖 6

31. 有關茲卡病毒的疫情與防治，下列哪些正確？

(A) 不會透過輸血造成人與人之間的傳染

(B) 人體施打登革熱的抗體後，可立即對茲卡病毒免疫

(C) 主要透過接觸傳染而使疫情快速蔓延

(D) 暴雨過後所造成的大量淹水，會加重疫情

(E) 降低母蚊受精率可使疫情減緩

32. 圖 7 為植物體內兩種胞器的示意圖，此兩種胞器與植物轉換能量有關。下列敘述哪些正確？

(A) 電子的傳遞主要發生在丙及戊區的膜上

(B) H_2O 的合成會發生在乙及丁區中

(C) 乙區所產生的糖會在戊區被分解為丙酮酸

(D) CO_2 在乙區異化代謝成三碳化合物

(E) 在白天時，兩胞器皆可觀察到 ATP 的累積

圖 7

33. 下列有關植物激素的敘述，哪些正確？

(A) 有些與動物激素相似，具有蛋白質成份

(B) 激素間具有拮抗或加成的作用

(C) 比較大的器官需要較高濃度的激素才能引發生理作用

(D) 若水稻幼苗被分泌吉貝素的真菌所感染，其將會長得比未被感染的植株高

(E) 在根合成的激素可經由韌皮部運送至葉進行作用

34. 人類進行呼吸時，可能牽涉到下列哪些作用及現象？
    (A) 吸氣時橫膈肌收縮　　　(B) 呼吸時胸腔體積不變
    (C) 吸氣時肺內壓力大於大氣壓力
    (D) 呼氣時橫膈肌放鬆　　　(E) 呼氣時腹部肌肉收縮

35. 有關生物多樣性與演化的相關敘述，下列哪些正確？
    (A) 某一族群其異型合子的個體數愈多，遺傳多樣性就愈高
    (B) 在演化史的各時期，整個地球的物種多樣性呈現遞增
    (C) 人屬（*Homo*）的演化過程中，其物種多樣性逐漸降低
    (D) 人為農墾區的各分區有不同的利用方式，促使全區之物種多樣性增加
    (E) 族群層級的生物多樣性保育著重族群的維持，以免特定的等位基因喪失

三、閱讀題（占 16 分）

說明：第 36 題至第 43 題，包含單選題與多選題，單選題有 4 個選項，多選題有 5 個選項，每題選出最適當的選項，標示在答案卡之「選擇題答案區」。單選題各題答對得 2 分，答錯、未作答或畫記多於 1 個選項者，該題以零分計算。多選題所有選項均答對者，得 2 分；答錯 1 個選項者，得 1.2 分；答錯 2 個選項者，得 0.4 分；答錯多於 2 個選項或所有選項均未作答者，該題以零分計算。

閱讀一

　　大多數的田鼠（vole），如草甸田鼠（meadow vole）等其生殖行為是多夫多妻制；然而草原田鼠（prairie vole）卻是行一夫一妻的生殖行為，其雌鼠只會與一隻雄鼠交配。科學家分析發現在草原田鼠的大腦內，催產素受體明顯比其他種類田鼠多。如果以藥劑減弱雌性草原田鼠的催產素與其受體作用，則此雌性田鼠的一夫行為會消失。另一方面，雄性草原田鼠大腦內的血管加壓素（arginine vasopressin, AVP）的受體也明顯比多妻雄田鼠多。若阻斷 AVP 與其受體作用，則此雄鼠也會變得「不專情」。科學家選殖出草原田鼠的 AVP 受體基因，並將其轉殖到具多妻行為的實驗小鼠（mice）大腦中，結果發現此實驗小鼠會放棄其多妻的行為。依據本文及相關知識回答第 36～38 題。

36. 有關田鼠生殖行為的敘述，下列何者正確？
  (A) 田鼠的生殖行為無法受人為操控
  (B) 與草甸田鼠相比，有較多的草原田鼠是多夫行為
  (C) 多夫的田鼠種類，其腦部有較多的催產素受器
  (D) 大腦中的某些激素受體的表現量，可影響田鼠生殖時的擇伴行為

37. 下列有關大腦中 AVP 受體的敘述，哪些正確？
  (A) 與雄性草原田鼠擇伴生殖行為有關
  (B) 促進雌性草原田鼠表現一夫行為
  (C) 轉殖草原田鼠的 AVP 受體基因至小鼠，可改變小鼠的擇伴行為
  (D) 若雄性草原田鼠之 AVP 或其受體表現量下降，則此鼠可表現多妻行為
  (E) 促進齧齒類的一夫一妻行為

38. 本文所提到的兩種激素是由何處釋放？
    (A) 大腦皮質　　　　　　　　(B) 松果體
    (C) 腦垂腺後葉　　　　　　　(D) 腦垂腺前葉

閱讀二

　　肺臟一向被視為是重要的呼吸器官，但事實上肺臟功能的複雜度遠超過我們目前的認知。近期研究 指出，肺臟也在血小板生成中扮演重要角色。巨核細胞（megakaryocyte）是血小板的前驅細胞，當成熟巨核細胞的細胞膜邊緣部份破裂剝落後，含有細胞膜的剝落部分就會形成血小板。研究者運用生物技術，由 mTmG 小鼠產生了 PF4-mTmG 小鼠。有別於 mTmG 小鼠，PF4-mTmG 小鼠可產生帶有綠螢光蛋白（GFP）的巨核細胞（GFP-巨核細胞），其後利用 2PIV 顯微鏡術（2-photo intravital microscopy; 2PIVM）觀測在組織中的 GFP-巨核細胞及其破裂產生之 GFP-血小板。研究結果顯示，肺部發現有大量巨核細胞外，且有大量的血小板產生與釋放，估計產生量約占小鼠全部血小板的 50%。研究者接著在器官移植的實驗發現，若將 PF4-mTmG 小鼠的肺臟植入 mTmG 小鼠中，植入後的 PF4-mTmG 小鼠肺臟會失去產生 GFP-血小板的 能力；然而若將 mTmG 小鼠肺臟植入 PF4-mTmG 小鼠中，則會發現在植入的 mTmG 小鼠肺臟中有 GFP-巨核細胞與 GFP-血小板的大量出現。此外，後續的研究則進一步證明，在肺臟出現的巨核細胞其實應源自於骨髓，之後經血液循環聚集於肺臟並產生血小板。依本文所述及相關知識，回答第 39～41 題。

39. 下列有關 2PIVM 的敘述，何者正確？
    (A) 是一種進行小鼠肺臟器官移植的技術
    (B) 是一種可以追蹤 GFP-巨核細胞的技術
    (C) 是一種產生 GFP-巨核細胞的技術
    (D) 是一種可促進巨核細胞產生血小板的技術

40. 下列關於 GFP-巨核細胞的敘述，何者正確？
   (A) 在一般小鼠中可以觀測到 GFP-巨核細胞的存在
   (B) 本實驗是將綠螢光蛋白（GFP）標記在巨核細胞的細胞核上
   (C) 在移植 PF4-mTmG 肺臟的 mTmG 小鼠骨髓中可發現 GFP-巨核細胞
   (D) 產生 GFP-巨核細胞的血球幹細胞不存在於肺臟

41. 選項圖中的縱軸表示肺臟中 GFP-巨核細胞數量，橫軸的甲乙丙代表不同小鼠。若甲為一般小鼠體內的肺臟，乙為植入 mTmG 小鼠體內的 PF4-mTmG 小鼠肺臟，丙為植入 PF4-mTmG 小鼠體內的 mTmG 小鼠肺臟，下列選項何者較接近該團隊的觀察結果？

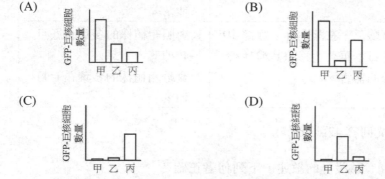

閱讀三

　　日本菫菜（*Viola hondoensis*）是一種多年生的草本植物，生長在溫帶落葉林下，此植株主要在兩個季節萌發新葉：四月萌發的葉子（稱為夏葉）到九月會掉落；九月萌發的葉子（稱為冬葉）則到隔年五月時會掉落。學者想要瞭解為什麼在氣候變得適合生長時，日本菫菜冬葉仍會在隔年春天時掉落？他們提出四個假設：假設 (1) 受到不同季節的環境因子（如氣溫、日照長短變化）之影響；假設 (2) 樹林

冠層的葉子長出，造成遮光效應；假設 (3) 新長出的夏葉遮蔽了冬葉；假設 (4) 新長出的夏葉和冬葉競爭養分。

為了檢驗這些假設，學者進行三項改變日本菫菜冬葉環境的操縱實驗，實驗內容（下表左列）和結果（下表右列）如下：

實驗一、在四月時，將 10 株人工培育的日本菫菜，移植到空曠地栽種。	1. 對照組植株的冬葉在五月時掉落。 2. 實驗組植株的冬葉在四月掉落。
實驗二、在落葉林下選擇 10 株日本菫菜，將其夏葉與冬葉的葉片錯開。	1. 對照組植株的冬葉在五月時掉落。 2. 實驗組植株的冬葉在八月掉落。
實驗三、在落葉林下選擇 10 株日本菫菜，移除其消耗養分的器官。	1. 對照組植株的冬葉在五月時掉落。 2. 實驗組植株的冬葉在七月掉落。

根據本文回答 42-43 題。

42. 有關實驗設計的敘述，下列何者正確？
   (A) 實驗一的實驗組是使夏葉不會被冬葉遮蔽
   (B) 實驗二的實驗組是使冬葉不會被夏葉遮蔽
   (C) 實驗二的對照組為選擇 10 株落葉林下的植株，移除其夏葉
   (D) 實驗三的對照組為選擇 10 株落葉林下的植株，給予施肥

43. 下列有關實驗結果的敘述，何者正確？
   (A) 實驗一的結果支持假設 (1)　　(B) 實驗二的結果支持假設 (3)
   (C) 實驗三的結果支持假設 (2)
   (D) 實驗二和三的結果支持假設 (4)

四、實驗題（占 10 分）

說明：第 44 題至第 48 題，包含單選題與多選題，單選題有 4 個選項，多選題有 5 個選項，每題選出最適當的選項，標示在答案卡之「選擇題答案區」。單選題各題答對得 2 分，答錯、未作答或畫記多於 1 個選項者，該題以零分計算。多選題所有選項均答對者，得 2 分；答錯 1 個選項者，得 1.2 分；答錯 2 個選項者，得 0.4 分；答錯多於 2 個選項或所有選項均未作答者，該題以零分計算。

44. 在 DNA 粗萃取實驗中，下列何者可以取代實驗所使用的嫩精或是鳳梨汁？
    (A) 果糖
    (B) 蛋白質水解酵素
    (C) RNA 水解酵素
    (D) 福馬林

45. 下列有關馬鈴薯萃取液的過氧化氫酶活性測試敘述，何者正確？
    (A) 過氧化氫酶與雙氧水混合作用時，會產生含有 CO_2 的氣泡
    (B) 在本實驗使用馬鈴薯的主要原因，是因為過氧化氫酶只存在此植物
    (C) 在 pH2 的反應液中所產生的氣泡量會比在 pH7 反應液中少
    (D) 煮沸過的萃取液加雙氧水可大量提升氣泡的產生

46. 當進行花粉粒萌發實驗時，下列敘述何者正確？
    (A) 溶液中含蔗糖濃度越高，花粉的萌發率越高
    (B) 利用酒精來清洗花粉表面以利觀察
    (C) 蔗糖溶液主要是用來調節滲透壓
    (D) 花粉的萌發率不會受到花朵年齡的影響

47. 圖 8 為某生調查台灣南部池塘生態系的食物鏈，同時分析在生物
    體內環境荷爾蒙的濃度。下列敘述何者正確？

    (A) 環境荷爾蒙隨著食物鏈層呈
        線性累積放大
    (B) 虱目魚和螺位於不同的營養
        階層
    (C) 人最終匯集了生態系中全部
        的能量
    (D) 當蝦因疾病而大量減少時，
        水草的數量可能會受螺的數量影響

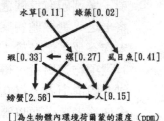

[ ]為生物體內環境荷爾蒙的濃度（ppm）

圖 8

48. 某生利用 0.5M 蔗糖溶液萃取地瓜葉中的葉綠體進行 DCPIP 反
    應，實驗設計如表一所示，則下列敘述哪些正確？

表一

處理	A	B	C	D
0.5M 蔗糖溶液	3 ml	3 ml	3 ml	3 ml
萃取液	1 ml	0 ml	1 ml	0 ml
光　照	0 小時	0 小時	1 小時	1 小時
DCPIP 溶液	0.5 ml	0.5 ml	0.5 ml	0.5 ml

    (A) 加入蔗糖的目的為脹破細胞，以增加葉綠體的萃取量
    (B) C 管在初始反應時的 pH 值最高
    (C) B 及 D 管皆會呈現藍色
    (D) 此設計可得知葉綠體碳反應的效率
    (E) 當 AC 管加入強氧化劑時，二管的呈色會相似

第貳部分：非選擇題（占 24 分）

說明：本部分共有四大題，答案必須寫在「答案卷」上，並於題號
　　　欄標明大題號（一、二、……）與子題號（1、2、……），
　　　作答時不必抄題。作答務必使用筆尖較粗之黑色墨水的筆書
　　　寫，且不得使用鉛筆。每一子題配分標於題末。

一、 有關植物體內物質運輸的機制，試回答下列問題。

　　1. 植物的篩管主要運輸蔗糖。何種植物細胞利用主動運輸使篩
　　　　管內的蔗糖濃度增加？（1分）

　　2. 當篩管內蔗糖濃度增加時，會造成管內液體較快速的流動，
　　　　其原因為何？（2分）

　　3. 若將雙子葉木本莖進行環狀去除樹皮，主要影響哪個運輸部
　　　　位？（1分）

二、 圖9為某生進行植物構造觀察的描繪記錄，甲至戊分別表示其
　　　不同部位的組織。試回答下列問題。

　　1. 此植物器官為何？試說明辨別原因？（2分）

　　2. 當此植物構造置於紅色墨水時，
　　　　何組織呈色最快？此組織名稱
　　　　為何？（2分）

　　3. 以碘液染色時，何組織會呈現
　　　　深藍色？原因為何？（2分）

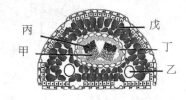

圖9

三、 圖 10 為男性內生殖器及周圍器官的構造示意圖。

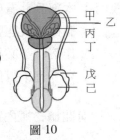

1. 丁為何種構造？（1分）
   其功能為何？（1分）
2. 己組織中，何種構造會形成精子？（1分）
   此己組織可分泌何種激素？（1分）
3. 哪兩種腦垂腺所分泌的激素可影響己
   組織的發育？（2分）
4. 戊組織的功能為何（至少寫出兩個）？（2分）

圖 10

四、 圖 11 為醣化 X 蛋白質調控 Y 基因表現的示意圖。當 X-1 片段
   仍存在於 X 蛋白質上時，X 蛋白質處於不活化態而無法與 B 細
   胞上的受體結合；只有在 X-1 片段移除後，X 蛋白質的 X-2 片
   段才可與受體結合，進而刺激 Y 基因的表現。

1. 在 X 蛋白質釋放到細胞外前，會經過哪些胞器？（2分）
2. 作用在丙階段的蛋白質屬於哪一種酵素？（2分）
3. 加入可與 X-2 結合的抗體後，Y 基因的表現量如圖 12 所示，
   試問導致此結果的原因為何？（2分）

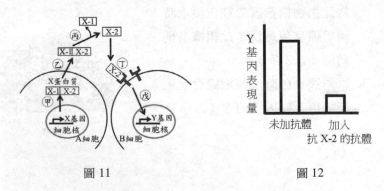

圖 11   圖 12

106年度指定科目考試生物科試題詳解

第壹部分：選擇題

一、單選題

1. D

【解析】 劇烈運動時肌肉供氧不足，會通過無氧呼吸這一過程
　　　　得到能量，生成的乳酸導致肌肉痠痛。

　　　　過程：

　　　　1. $C_6H_{12}O_6$（葡萄糖）$+ 2\ NAD^+ \to 2\ CH_3COCOOH$
　　　　（丙酮酸）$+ 2\ NADH + 2\ ATP + 2\ H^+$

　　　　2. $2\ CH_3COCOOH$（丙酮酸）$+ 2\ NADH + 2\ H^+$
　　　　$\to 2\ CH_3CHOHCOOH$（乳酸）$+ 2\ NAD^+$

2. C

【解析】 根瘤菌可以行固氮作用，固定大氣中游離氮氣，為植
　　　　物提供氮素養料，兩者在自然界表現共生現象。

3. B

【解析】 水稻、百合花、蘭花為開花植物（雙子葉植物），因此
　　　　(D) 可以刪去。二葉松為會產生種子的裸子植物，但筆
　　　　筒樹為蕨類植物，不屬於種子植物，因此 (C) 可以刪
　　　　去，因此選 (B)，五者皆為維管束植物。

4. D

【解析】 巨噬細胞在組織中最重要的功能為吞噬病原體，病原
　　　　體會被困於食泡中並稍後與溶體融合，將病原體消化。

5. **D**

【解析】 (A) 蛇毒血清內含有蛇毒抗體，注射入人體中可以直接利用來對抗蛇毒，屬於被動免疫。

(B) 非活性的抗原也可以做為疫苗，刺激人體產生抗體。

(C) 異卵雙胞胎的器官互相移植也有可能產生排斥反應。

6. **A**

【解析】 心房伸展或血容積增加會刺激分泌心房利鈉激素，可作用在腎臟上，降低鈉離子的再吸收，增加排尿量。

7. **B**

【解析】 圖一為心肌組織，可以自發性產生動作電位，屬於不可隨大腦意識控制的不隨意肌，交感神經可以提高收縮頻率。

8. **D**

【解析】 (A) 固醇類屬於脂溶性物質，可以直接通過細胞膜，不需受體結合。

(B) 生長激素屬於肽類激素，非固醇類激素。

(C) 固醇類激素不需第二傳訊者，可直接進入細胞核作用。

9. **C**

【解析】 真核及原核生物的蛋白質轉譯作用，都需要核糖體進行。

10. **A**

【解析】 (B) 膽汁由肝臟製造。

(C) 可乳化脂肪，非消化脂肪。

(D) 膽囊收縮素可以刺激膽囊收縮，與膽汁生成無關。

11. **D**

【解析】 (A) 基因改良加入的是抗凍蛋白基因的啓動子，而不是抗凍蛋白基因，因此抗凍蛋白不會增加。

(B)(C) 改良後的鮭魚主要是要增進大西洋鮭的生長速度。

12. **A**

【解析】 基因序列由 5' 讀取到 3'，由啓動子開始轉錄大鱗鮭魚的生長基因。

13. **D**

【解析】 (A) 若比例尺爲單位爲 mm 的話，一顆紅血球的直徑即爲 5 mm，不符合常理。

(B) 紅血球細胞也可以攜帶少量的二氧化碳。

(C) 甲細胞爲嗜中性球，細胞核平常即呈現多葉狀，並非因爲細胞分裂。

(D) 此血液抹片爲人類血液抹片：紅血球爲雙凹圓盤狀，無法由青蛙血複製而成。

14. **B**

【解析】 (A) 突變爲生物演化的原動力。

(C) 人擇爲人類針對特定性狀進行育種，使這些性狀的

表現逐漸強化，而人們不需要的性狀則可能逐漸消匿的過程，但抗藥性為人類不需要的性狀，並不是使用抗生素希望產生的結果。

(D) 天擇說為達爾文演化論的基礎。

15. **C**

【解析】 (A) 茉莉酸是植物產生的，不是昆蟲產生的。

(B) 水楊酸會被釋放至大氣中，使未受感染的植物組織產生防禦的酵素，以破壞病原菌的細胞壁。

(D) 植物葉片受到毛蟲啃食時，對毛蟲唾液中的化學物質產生反應，釋出芳香物質去吸引寄生蜂，黃蜂會產卵在毛蟲體內，卵孵化成幼蟲寄生毛蟲體內，會消化並殺死毛蟲。

16. **B**

【解析】 (A)(B) 甲點為去極化狀態，主要由鈉離子通道開啟，後面的細胞膜電位開始下降的部分為鉀離子通道開啟較多。

(C) 鈉離子通道開啟，啟動去極化之後，胞內的鈉離子濃度仍較胞外低。

(D) 鈉鉀幫浦始終依然在作用著。

17. **B**

【解析】 親代綠色皺皮豌豆的基因型為 yyrr。經推理，Yy × yy 可以得到一半的 Yy 及一半的 yy，而 RR × rr 可以得到全部的子代都是 Rr，因此親代的黃色圓形豌豆的基因型為 YyRR，因此選 (B)。

顏色等位基因				種皮等位基因		
	Y	y			R	R
y	Yy	yy		r	Rr	Rr
y	Yy	yy		r	Rr	Rr

18. **D**

【解析】 動物細胞在感染**病毒**後分泌干擾素能夠與周圍未感染
的細胞上的相關受體作用，促使這些細胞合成抗病毒
蛋白防止進一步的感染，但干擾素對本身已被感染的
細胞沒有幫助。

19. **B**

【解析】 (A) (C) 因為道路的存在阻斷不同單位棲地生物的基因
交流機會，因此該物種之基因多樣性會降低。
(D) 道路的持續開發會對每個小單位棲地內部的生物種
類造成破壞。

20. **A**

【解析】 細胞分裂素具有促進細胞分裂、促進細胞分化、**促進
側芽生長**等功能。生長素有調節莖的生長速率、抑制
側芽、**促進生根**等作用。

二、多選題

21. **CD**

    【解析】 圖 5 顯示此遺傳物質經過 RNA 水解酶作用之後就不見
    了，因此為 RNA，應選病毒類之選項。

22. **CD**

    【解析】 (A) (B) 夜晚照光主要是控制一天中的照光時間來達到
    植物在產季開花的目的，並不是為了篩選出耐高溫
    品種或是促進出芽。

    (E) 短時間中斷光照後，又重新開啓燈光，是促進「長
    日照」植物開花的做法。

23. **CE**

    【解析】 (A) 淋巴管除較大淋巴管外，其餘淋巴管無平滑肌層，
    不能收縮，因此淋巴流動主要動力為淋巴管所在部
    位的骨骼肌的收縮。

    (B) 淋巴管不含瓣膜。

    (D) 淋巴會匯集成胸管及右淋巴導管後，進入血液循
    環。

24. **BDE**

    【解析】 (A) 內分泌系統會受神經系統的調控及影響。

    (C) 抗利尿激素是由腦下垂體所合成，經腦垂腺後葉釋
    放。

25. **BD**

　【解析】

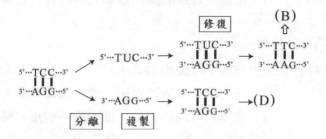

26. **BE**

　【解析】 (A) 苗栗山區出沒的石虎是瀕臨絕種的原生種。

　　　　 (C) 水蚤之心臟在背部。

　　　　 (D) 黑面琵鷺為夏天的時候在大陸東北的溫帶地區繁
　　　　　　殖，冬天的時候則在緯度較低的台灣地區過冬的
　　　　　　遷徙性鳥類。

27. **AB**

　【解析】 CO_2 在人體血液中的運送主要是靠碳酸酐酶及血紅素。

28. **ADE**

　【解析】 (B) 唾液的分泌由交感神經及副交感神經控制。

　　　　 (C) 人類無法消化蔬菜細胞壁的主要成分纖維素。

29. **CE**

　【解析】 (A) 草蛉的幼蟲期具捕食能力，可捕食蚜蟲類，是食量
　　　　　　大、繁殖力強又容易飼養的捕食性天敵，不需依靠
　　　　　　性費洛蒙防治。

(B) 任何外來物種都會對當地生態系造成影響。

(D) 草蛉與蚜蟲的關係猶如天敵和獵物之關係。

30. **BD**

【解析】(A) 病毒基因體的編碼中有 U，因此為 RNA 病毒。

(C) 任何病毒都無法在宿主體外複製增殖。

(E) 套膜蛋白為病毒侵入細胞的一個重要媒介，去除之後將大大消除其入侵的能力。

31. **DE**

【解析】(A) 茲卡病毒可由胎盤從母親傳染給胎兒，也可以經由輸血傳染。

(B) 施打登革熱的抗體並不會讓人獲得茲卡病毒的免疫力。

(C) 茲卡病毒感染症主要經由斑蚊叮咬傳染。

32. **AE**

【解析】(A) 電子傳遞鏈主要在葉綠餅及粒線體的內膜上。

(E) 光合作用及呼吸作用皆會產生 ATP。

33. **BDE**

【解析】(A) 植物激素沒有蛋白質成分。

(C) 激素引發生理作用所需的濃度與器官大小不相關。

34. **ADE**

【解析】(B) 吸氣時胸腔體積變大，呼氣時變小。

(C) 吸氣時肺內壓力小於大氣壓力，氣體可以進入肺。

35. **ACE**

　　【解析】(B) 在有些生物大滅絕之時期，整個地球的物種多樣性
　　　　　　　是變少的。

　　　　　　(D) 人為農墾區的各分區將生物區隔開來，減少生物基
　　　　　　　因之交流，將使全區之物種多樣性減少。

三、閱讀題

36. **D**

　　【解析】文中說明當 AVP 受體表現被阻斷時，雄性草原田鼠會
　　　　　由一妻變為多妻的擇伴行為。催產素受體的作用降低
　　　　　時，也會使雌性草原田鼠的擇伴行為由一夫變為多夫。

37. **ACD**

　　【解析】(B) 促進雌性草原田鼠表現一夫行為的是催產素受體。

　　　　　　(E) 目前證據應僅限於草員田鼠，而非全數囓齒類。

38. **C**

　　【解析】催產素及血管加壓素皆為腦垂腺後葉釋放。

39. **B**

　　【解析】文中說明 2PIVM（2-photo intravital microscopy）是一
　　　　　種顯微鏡技術，可以觀測在組織中的 GFP-巨核細胞。

40. **D**

　　【解析】(A) 只有 PF4-mTmG 小鼠才可以產生帶有綠螢光的
　　　　　　　GFP-巨核細胞，一般小鼠觀察不到。

　　　　　　(B) 應是標記在巨核細胞的細胞核上，才可以觀察細胞
　　　　　　　膜的剝落部分形成的血小板。

    (C) 文中提到在肺臟出現的巨核細胞其實應源自於骨
        髓，因此在 mTmG 小鼠骨髓中應無法發現 GFP-巨
        核細胞。

41. **C**

  【解析】 只有 PF4-mTmG 小鼠的體內才有可以製造出 GFP-巨核
        細胞的骨髓，因此丙含量應最多，甲乙含量應較少。

42. **B**

  【解析】 (A) 實驗一並未將會遮住夏葉的冬葉摘除，因此仍會被
           遮蔽。
        (C) (D) 對照組皆不會有任何變動。

43. **B**

  【解析】 實驗一為驗證假設 (2)，實驗二為驗證假設 (3)，實驗三
        為驗證假設 (4)。

四、實驗題

44. **B**

  【解析】 鳳梨汁中含蛋白酶，可以將染色體中的蛋白質分解，
        以純化 DNA，因此應選 (B) 來達成同樣效果。

45. **C**

  【解析】 (A) 會產生含有 O_2 的氣泡。
        (B) 過氧化氫酶也存在許多植物及動物中。
        (C) pH2 的過氧化氫酶因位處於極酸的 pH 環境，會喪
           失作用，氣泡產生較少。
        (D) 煮沸過的萃取液的過氧化氫酶會喪失作用，無法
           產生氣泡。

46. **C**

　　【解析】 (A) 花粉管的萌發需要適當的蔗糖溶液提供合適的細
　　　　　　　胞滲透壓，滲透壓太高反而無法萌發。

　　　　　　(B) 利用酒精來清洗花粉表面將破壞花粉正常結構。

　　　　　　(D) 與花齡有關。

47. **D**

　　【解析】 (A) 非線性累積。

　　　　　　(B) 虱目魚和螺位於相同的營養階層，都是初級消費
　　　　　　　者。

　　　　　　(C) 人最終匯集了生態系中全部的汙染物。

　　　　　　(D) 當蝦因疾病而大量減少時，螺的數量會變多，使
　　　　　　　得水草的數量可能會受螺的數量影響而變少。

48. **CE**

　　【解析】 當 DCPIP 處於氧化態時呈現藍色，還原態時則爲無
　　　　　　色。DCPIP 可用於偵測光合作用的反應速率，當該指
　　　　　　示劑暴露於光合作用系統時，會因還原反應而由藍色
　　　　　　脫色爲無色。因此 BD 試管始終因爲無光合作用反應，
　　　　　　皆呈現藍色。而 AC 試管加入強氧化劑後，會行氧化
　　　　　　反應，DCPIP 之顏色會恢復爲藍色。

第貳部分：非選擇題

一、【解答】 1. 伴細胞

　　　　　　2. 篩管細胞因蔗糖累積滲透壓增大 → 水分由木質部送
　　　　　　　至韌皮部 → 葉肉內篩管細胞膨壓增高 → 管內液體由
　　　　　　　膨壓高往膨壓低處較快速的流動。

　　　　　　3. 韌皮部

二、【解答】 1. 葉，因為木質部與韌皮部的排列方式為上下層排列，非環狀排列。

2. 丙，木質部。
   【解析】 葉脈的維管束中，上層的丙為木質部，下層的甲為韌皮部。

3. 戊，葉子的澱粉粒儲存在葉肉組織中。

三、【解答】 1. 前列腺（或稱攝護腺），功能為分泌前列腺液，是構成精液主要成分。

2. 細精管，睪固酮

3. 濾泡激素（FSH），黃體激素（LH）

4. 輸送精子及濃縮精液、使精子進一步成熟、儲藏精蟲

四、【解答】 1. 內質網、高基氏體
   【解析】 粗糙內質網可修飾其表面核糖體所製造出的蛋白質，以運輸囊泡的形式運送至高基氏體，再形成分泌囊泡釋放至細胞外，這類分泌至細胞外的蛋白質通稱為分泌性蛋白質。

2. 水解酶（蛋白酶）
   【解析】 酵素的系統分類分成六種酶，其中將蛋白質分解的蛋白酶屬於「水解酶」的一種。

3. 加入可與 X-2 結合的抗體，將使 X-2 無法結合在 B 細胞的受體上，會使 Y 基因的表現量減少。

106 年大學入學指定科目考試試題
國文考科

第壹部分：選擇題（占 55 分）

一、單選題（占 34 分）

說明： 第 1 題至第 17 題，每題有 4 個選項，其中只有一個是正確或
最適當的選項，請畫記在答案卡之「選擇題答案區」。各題
答對者，得 2 分；答錯、未作答或畫記多於一個選項者，該
題以零分計算。

1. 下列文句，完全**沒有**錯別字的選項是：
   (A) 齊柏林的紀錄片發聾振憒，喚醒國人的土地保育意識
   (B) 獲得國際電影大獎的肯定後，他成爲熾手可熱的明星
   (C) 職場新人如能虛心求教並多演練實務，將可稗補闕漏
   (D) 這項改革方案應審慎評估風險，以免推動時窒礙難行

2. 閱讀下文，選出依序最適合填入□內的選項：
   甲、我緩緩睜開眼，茫然站在騎樓下，眼裡藏著□□的淚水。世
   　　上所有的車子都停了下來，人潮湧向馬路中央。（渡也〈永
   　　遠的蝴蝶〉）
   乙、如果鏡子是無心的相機，所以□□，那麼相機就是多情的鏡
   　　子，所以留影。這世界，對鏡子只是過眼雲煙，但是對相機
   　　卻是過目不忘。（余光中〈誰能叫世界停止三秒〉）
   丙、時時想著吃，吃罷上頓盼下頓。肚裡老是□□，那可真是飢
   　　火如焚；老是咕咕叫，那可真是飢腸轆轆；不管飯菜好壞都
   　　想吃，那可真是飢不擇食。（周同賓〈飢餓中的事情〉）
   (A) 滾燙／縹緲／匱乏　　　　　　(B) 滾燙／健忘／發燒
   (C) 潸潸／縹緲／發燒　　　　　　(D) 潸潸／健忘／匱乏

3. 下列是一段古文，請依文意選出排列順序最恰當的選項：

古者諫無官， 甲、<u>漢興以來，始置官</u>

乙、<u>使言之，其為任亦重矣</u>

丙、<u>自公卿大夫，至於工商，無不得諫者</u>

丁、<u>居是官者，當志其大，舍其細，先其急，後其緩</u>

戊、<u>夫以天下之政，四海之眾，得失利病，萃於一官</u>

專利國家，而不為身謀。(司馬光〈諫院題名記〉)

(A) 甲乙丁戊丙　　　　　　　(B) 甲丁戊乙丙

(C) 丙甲戊乙丁　　　　　　　(D) 丙戊乙甲丁

4. 依據下文，敘述正確的選項是：

　　這幾年，人類繼續移民入侵此地，索馬利族人也常放牧牛群大肆啃草，他們的盜獵者更不斷射殺大象與犀牛，換取金錢。亞當森也顧不得肯亞當局的顏面與聲明，盡其一己之力，不斷地追捕盜獵者，甚至搭小飛機，像鷲鷹一樣在天空盤旋、探查；並且撰文向媒體投書，揭露事實。他知道，自己在打一場必輸的戰爭；但他必須打下去，如果八十三歲的他還不做，就沒有人接棒了。(劉克襄〈誰殺了大貓的守護神〉)

(A) 亞當森不畏壓力，向國際媒體揭露肯亞當局非法獵捕大象與犀牛的事實

(B) 雖知與盜獵者作對一定會輸，亞當森仍持續聯合索馬利族人追捕盜獵者

(C) 因索馬利族入侵與盜獵，使亞當森只好向肯亞當局檢舉並致力將其驅逐

(D) 亞當森阻止盜獵，並未獲肯亞當局有力支援，而且也不受肯亞當局歡迎

5. 依據下文，關於王闓運的敘述，正確的選項是：

　　王闓運，字壬秋，又字壬父。生時，父夢神榜其門曰：「天開文運」，因以闓運爲名。顧天性愚魯，幼讀書，日誦不及百言，又不能盡解，同塾者皆嗤之。師曰：「學而嗤於人，是可羞也。嗤於人而不奮，無寧已。」闓運聞而泣，退益刻勵，昕所習者，不成誦不食；夕所誦者，不得解不寢。年十五，始明訓故。
（錢基博《現代中國文學史》）
(A) 出身書香世家，嘗夢來日必登金榜
(B) 塾師見其困學，斥以自餒不如放棄
(C) 讀書不求甚解，疏於考究典籍訓故
(D) 重理解捨記誦，能自樂至廢寢忘食

6. 右列甲、乙、丙三聯依序對應的人物，正確的選項是：
(A) 孟軻／劉基／蘇軾
(B) 孟軻／諸葛亮／袁宏道
(C) 司馬遷／劉基／袁宏道
(D) 司馬遷／諸葛亮／蘇軾

甲	乙	丙
幽愁發憤，著成信史照塵寰	剛正不阿，留得正氣衝霄漢	運籌畫計，動中機宜，渡江策士無雙	占事考祥，明有徵驗，開國文臣第一	追思聖傑，讓氣脈相通，麗句清詞吟柳浪，公可安然	衝破樊籬，教性靈直出，行雲流水壯文瀾，人皆仰止

7. 依據下文，符合全文旨意的選項是：
　　彊令之笑不樂；彊令之哭不悲；彊令之爲道也，可以成小，而不可以成大。缶醯黃，蚋聚之，有酸，徒水則必不可。以貍致鼠，以冰致蠅，雖工，不能。以茹魚去蠅，蠅愈至，不可禁，以致之之道去之也。桀、紂以去之之道致之也，罰雖重，刑雖嚴，何益？
（《呂氏春秋》）

> 茹魚：腐臭的魚。

(A) 興衰成敗有數，不可力強而致
(B) 治國悖離民心，如同爲淵驅魚
(C) 大材不宜小用，割雞焉用牛刀
(D) 國君用人之術，務在明賞慎罰

8. 依據下文，符合全文旨意的選項是：

　　或北陸初結，或東風始興。睹之也知其脆易破，涉之也恐其任不勝。由是屏氣而行，虛心而進。在陽敢思乎不冶，通陰庶懷乎克愼。

(A) 安步當車　　　　　　　　(B) 臨深履薄

(C) 盈科後進　　　　　　　　(D) 危言危行

9. 下表是「吾」、「爾」、「子」作人稱稱謂時，在《論語》和《孟子》中的使用情形統計（如：《論語》的「吾」有 77.9 % 用於「上對下」的情境），根據下表，選出研判恰當的選項：

人稱稱謂　　　使用情境	吾		爾		子	
	《論語》	《孟子》	《論語》	《孟子》	《論語》	《孟子》
上對下	77.9 %	45.1 %	81.0 %	6.3 %	0.0 %	47.9 %
平輩之間	1.8 %	6.6 %	0.0 %	0.0 %	8.0 %	45.1 %
下對上	3.5 %	7.4 %	0.0 %	0.0 %	76.0 %	7.0 %
對象不明或其他情境	16.8 %	40.9 %	19.0 %	93.7 %	16.0 %	0.0 %

(A) 在《論語》和《孟子》中，「爾」的使用情境皆為上對下

(B) 根據「吾」的使用情境，下對上以「吾」來稱呼自己較有禮貌

(C) 《論語》裡通常會依彼此尊卑關係，使用「爾」或「子」稱呼對方

(D) 從《論語》到《孟子》，「吾」的使用情境變化較「爾」和「子」顯著

10. 下文所描寫的西螺柑特質，理解正確的選項是：

　　圍爐飲酒，對燭讀書。熱腸之際，燥吻之餘。嗽其清津，醉意能醒；吮其玉液，夢魘亦舒。幾回寒味，醞釀流甘之後；一座冷香，繚繞擘瓣之初。(洪繻〈西螺柑賦〉)

(A) 驅寒生暖，宜共品嘗

(B) 清熱醒酒，足資入藥

(C) 滋味清芳，沁人心脾

(D) 可製佳釀，吟詠助興

11. 依據下列《西遊記》中的書信，敘述正確的選項是：

　　辱愛弟魏徵，頓首書拜，大都案契兄崔老先生台下：憶昔交遊，音容如在。倏爾數載，不聞清教。常只是遇節令，設蔬品奉祭，未卜享否？又承不棄，夢中臨示，始知我兄長大人高遷。奈何陰陽兩隔，天各一方，不能面覿。今因我太宗文皇帝倏然而故，料是對案三曹，必然得與兄長相會。萬祈俯念生日交情，方便一二，放我陛下回陽，殊為愛也。容再修謝。不盡。

(A) 寄信者是崔老先生，受信者是魏徵

(B) 崔老先生請魏徵多照顧太宗皇帝，免其懸念

> 對案三曹：審理案件時，召原告、被告、證人三造對質。

(C) 由提稱語「台下」可推知，崔老先生為魏徵的長輩

(D) 魏徵無法在人世間見到崔老先生，但仍按時備清饌表達懷思

12-13 為題組

閱讀下文，回答 12-13 題。

　　西方對於悲劇的定義，大多談到人的局限性──主角最終發現自己只不過是受更大的意志所支配的對象，但在必然性的驅使之下，仍無可奈何地走向毀滅。我們不必指望在中國的傳統裡發現西方意義上的悲劇，這種悲劇的結構是受文化限制的。不同的文明有各自不同的典型，我們可以在非道德的必然性與人的道德秩序的衝突中，發現中國的典型。中國傳統中非道德的必然性，通常是指周而復始的自然，是一種非人格的力量，人們稱之為

「命」。相對於西方悲劇的必然性來說，最引人注目的對比，是這種必然性完全能夠爲人所理解，而且每當不可避免的事情快要發生時，會出現許多徵兆，「命」往往通過這些徵兆顯示它的存在。西方的悲劇英雄總有一個從懵然無知到恍然大悟的過程；在中國，<u>與悲劇英雄對應的人物</u>常在既定的不幸結局來臨前，早就認識到這種結局是不可避免的。主角在這裡沒有抗爭，而是在註定要遭受不幸的情況下「知其不可而爲之」，令人崇敬地克服絕望情緒。(改寫自宇文所安《中國古典文學中的往事再現》)

12. 下列敘述，符合作者看法的選項是：
    (A) 西方的悲劇英雄雖然早已預知難逃毀滅，仍堅持抗爭不懈
    (B) 中國傳統中的「命」具有非人格的神祕性，人們無從窺知
    (C) 中國缺乏西方意義的悲劇，乃因人們習於順「命」而遠遁
    (D) 無論西方或中國的傳統，皆有人們無法超越必然性的思維

13. 下列人物，符合作者所謂「與悲劇英雄對應的人物」的選項是：
    (A) 「鼎鑊甘如飴，求之不可得」的文天祥
    (B) 「故國夢重歸，覺來雙淚垂」的李後主
    (C) 「三年謫宦此棲遲，萬古惟留楚客悲」的賈誼
    (D) 「扁舟去作鴟夷子，回首河山意黯然」的丘逢甲

<u>14-15 爲題組</u>

閱讀下文，回答 14-15 題。

「其」可作「其中之」講，如：「孔融幼時，與諸兄食梨，取『其』小者。」「其」的這種用法可說是從「他的」之義變化出來，但也未嘗不可仍作「那個」講。「其」的這兩種意義本來密切相連，「他的」就等於「那個……的」。我們因爲白話裡用的詞不同，就生出分別，古人大概感覺只有一個作爲指稱之用的「其」。「其」還有一種用法，表示語氣。這和指稱用法毫無關

係，應該是兩個不同的詞，只是寫成同一形式罷了。「其」表示的語氣，或爲測度，和「殆」差不多，如：「始作俑者『其』無後乎？」或爲勸勉，如：「爾『其』無忘乃父之志！」這個「其」和白話的「可」相當。（改寫自呂叔湘《文言虛字》）

14. 依據上文，符合作者看法的選項是：
    (A) 「殆」、「可」、「其」三者作爲語氣詞，意義可相通
    (B) 表示語氣的「其」，是從作爲「其中之」的「其」變化而來
    (C) 「其」作「他的」講和作「那個」講，是爲了白話理解之便
    (D) 古文中「其」作爲語氣只有一種用法，在白話才有測度和勸勉的區別

15. 依據上文，下列文句中「其」的說明，正確的選項是：
    (A) 微管仲，吾「其」被髮左衽矣：測度語氣，「殆」之意
    (B) 天下其有不亂，國家「其」有不亡者乎：勸勉語氣，「可」之意
    (C) 餘人各復延至「其」家，皆出酒食：指稱用法，「其中之」之意
    (D) 蘭槐之根是爲芷，「其」漸之滫，君子不近：指稱用法，「那個」之意

16-17 爲題組

閱讀下詩，回答 16-17 題。

　　　慶全庵桃花　謝枋得
尋得桃源好避秦，桃紅又見一年春。
花飛莫遣隨流水，怕有漁郎來問津。

　　　桃花　徐孚遠
海山春色等閒來，朵朵遙如人面開。
千載避秦真此地，問君何必武陵回。

謝枋得，宋末元初人。1276 年率兵抗元，無援而敗。南宋滅亡後，隱居於福建，元朝曾數度徵聘，始終堅辭不應。1289 年，遭福建省參政強制送往京師，乃絕食五日而死。

徐孚遠，明末清初人。明朝亡後，曾參與抗清之舉。1661 年隨鄭成功入臺，不久徙居廈門。1663 年，清軍攻陷廈門，徐孚遠擬攜眷返家鄉江蘇未果，滯留廣東，1665 年病故。

16. 下列關於謝、徐二人詩中「桃花源」的敘述，正確的選項是：

(A) 謝枋得希望所居的「桃花源」不受外界打擾

(B) 徐孚遠認為「桃花源」之地不適合安居久留

(C) 二人都因傾慕陶淵明而四處尋訪「桃花源」

(D) 二人皆自認已找到陶淵明的「桃花源」遺址

17. 若謝詩作於福建，徐詩作於臺灣，下列敘述正確的選項是：

(A) 徐詩「問君何必武陵回」的「武陵」，是暗指臺灣

(B) 謝詩「怕有漁郎來問津」的「漁郎」，是暗指作者自己

(C) 二詩運用「避秦」典故時，皆將原本避亂之地引申為不受異族統治之地

(D) 二詩的「花飛莫遣隨流水」、「朵朵還如人面開」，皆流露避世而居的喜悅

二、多選題（占 21 分）

說明：第 18 題至第 24 題，每題有 5 個選項，其中至少有一個是正確的選項，請將正確選項畫記在答案卡之「選擇題答案區」。各題之選項獨立判定，所有選項均答對者，得 3 分；答錯 1 個選項者，得 1.8 分；答錯 2 個選項者，得 0.6 分；答錯多於 2 個選項或所有選項均未作答者，該題以零分計算。

18. 下列文句畫底線處的詞語，運用恰當的選項是：

(A) 暴雨成災，當地居民因為缺乏糧食而<u>腹笥甚窘</u>

(B) 受到食安新聞影響，民眾<u>杯弓蛇影</u>，減少外食

(C) 小陳力阻父親<u>逢人說項</u>，希望靠自己出人頭地

(D) 她從前輩的經驗<u>拾人牙慧</u>，因而見解新穎獨到

(E) 他當年總誇自己是<u>一時瑜亮</u>，如今卻一事無成

19. 下列各組文句「」內的字，前後意義相同的選項是：
  (A) 執捶「拊」以鞭笞天下，威振四海／今君有區區之薛，不「拊」愛子其民
  (B) 一夕歸，見二人與師「共」酌／舍鄭以爲東道主，行李之往來，「共」其乏困
  (C) 武仲以能「屬」文爲蘭臺令史／淡「屬」素敦古處，新、艋尤爲菁華所聚之區
  (D) 余登箕山，其上蓋有許由冢「云」／與先君子善，謂獄中語乃親得之於史公「云」
  (E) 毅宗之語公主，亦曰：「若」何爲生我家／君王爲人不忍。「若」入，前爲壽，壽畢，請以劍舞

20. 陳列在〈玉山去來〉一文中形容玉山主峰頂上的煙雲變化：「好像交響樂在一段管弦齊鳴的昂揚章節後，轉爲沉穩，進入了主題豐繁的開展部」，以聽覺感受形容視覺感受。下列文句，將某一感官的感受以其他感官的感受表達的選項是：
  (A) 俄而棋勢吃緊，兩人都站起來了，劍拔弩張，如鬥鵪鶉
  (B) 我不會喝酒，一小杯我就醉，並且醉得很厲害，像害一場大病
  (C) 就像一條繩子，蟬聲把我的心紮捆得緊緊地，突然在毫無警告的情況下鬆了綁，於是我的一顆心就毫無準備地散了開來
  (D) 但不知啥緣故，在清晨四時多一點即醒來發愣。忽然間，好像是黑色翅膀的飛魚飄過我眼簾，刹那間我感到萬分的舒暢
  (E) 那王小玉唱到極高的三、四疊後，陡然一落，又極力騁其千迴百折的精神，如一條飛蛇在黃山三十六峰半中腰裡盤旋穿插，頃刻之間，周匝數遍

21. 依據下文，敘述正確的選項是：

　　《紅樓夢》作者透過神話與寓言的層層架構，創造了一個開天闢地的頑癡情種賈寶玉，以這個踽踽於洪荒的第一畸零人，來傳達他對生命的孤奇領悟。

　　凡讀《紅樓夢》而真能為解人者，必能體味作者徘徊掙扎於傳統文化激流中之無奈與痛楚。作者創造了一個獨步古今的賈寶玉，其靈奇乖僻，完全處於傳統法度之外；其耽情溺色，更使天下視之若魔。這個賈寶玉是被幽禁於傳統文化心靈深處的禁忌與壓抑之大解放，故人亦以「混世魔王」稱之。

　　《紅樓夢》以情為心的全盤架構，正契應湯顯祖「因情成夢，因夢成戲」、「世有有情之天下，有有法之天下」之說。在有法之天下中，有情之天下只能成其為夢，以寄諸於筆墨之間。賈寶玉癡魔怪僻的造型，固然是一種「情」的誇張強調、壓抑與反抗的姿態，然則另一面向，卻也依舊是一個掩飾的面具，一種畸零的姿態。故以之為魔為怪，為病為疴，正顯示正統禮法之約束力量依然存在。(改寫自張淑香〈頑石與美玉〉)

(A) 「混世魔王」象徵賈寶玉雖不容於世，卻不願受拘束的反抗力量

(B) 《紅樓夢》以情為心，藉由「夢」暗示情不被法所容的現實困境

(C) 《紅樓夢》作者創造賈寶玉的畸零姿態，隱含對人生的一種幽獨懷抱

(D) 魔怪病疴點出賈寶玉與眾不同的特質，用以暗喻耽情溺色實為一種病

(E) 以神話為故事架構，是為了規避《紅樓夢》作者不接受傳統禮法的事實

22. 依據右詩，敘述正確的選項是：

(A) 「奔騰在宣紙下端的／萬匹黑馬／遲遲不肯下凡」，敘寫烏雲密布但始終未降雨

(B) 「水龍頭們在我洗澡
　　的當頭忽然／氣喘」，
　　描繪因水龍頭故障使
　　水管壁發出異聲

(C) 「青潭直潭翡翠谷／
　　今天都坐在報紙上飛
　　進屋來」，指報紙報
　　導天降甘霖的消息

(D) 「一道金鞭猛地抽了
　　我眼睛一下」，描摹
　　雨過天青時，虹橋
　　乍現天際，光彩炫目

(E) 「哎呀！好個宋江」，
　　運用《水滸傳》的典
　　故，抒發終降大雨的
　　快意，具體點題

白靈〈及時雨〉

　　滿江的濃墨自兩萬英尺的高空／
瀉下，瀉——下／下到山頭丘陵盆
地以及我家窗前卻是／烏雲洶　湧／
一似踢起煙塵萬丈／奔騰在宣紙
下端的／萬匹黑馬／遲遲不肯下凡

　　新店溪的血壓正低／水龍頭們在
我洗澡的當頭忽然／氣喘，太太守候
門外的消防車旁叫著／水呀水呀
／而昨天還在山上的／青潭直
潭翡翠谷／今天都坐在報紙上飛進
屋來

　　一道金鞭猛地抽了我眼睛一下／
窗外千里之遠的山上馬蹄雷動／
瞬間便殺到我浴室的窗前／為首的
一匹，定睛看去／哎呀！好個宋江

宋江外號「及時雨」

---

23. 武俠小說論及武術武道，多受傳統文化影響。依據古龍《浣花洗
　　劍錄》中紫衣侯對劍法的論述，可與其觀點相應的選項是：

我雖將天下所有劍法
全部記住，我那師兄
也能記得絲毫不漏，
但他卻能在記住後又
全都忘記，我卻萬萬
不能，縱然想盡千方
百計，卻也難忘掉其
中任何一種。

紫衣侯

我那師兄將劍法全都忘記之後，方自大徹大悟，悟
了「劍意」，他竟將心神全都融入了劍中，以意取
劍，隨心所欲。雖無一固定的招式，但信手揮來，
卻無一不是妙到毫巔之妙著。也正因他劍法絕不
拘囿於一定之形式，是以人根本不知該如何抵擋。
我雖能使遍天下劍法，但我之所得，不過是劍法之
形骸；他之所得，卻是劍法之靈魂。我的劍法雖號
稱天下無雙，比起他來實是異土不如！

(A) 言者所以在意，得意而忘言

(B) 大音希聲，大象無形，道隱無名

(C) 受國之垢，是謂社稷主；受國不祥，是為天下王

(D) 為學日益，為道日損。損之又損，以至於無為，無為而無不為

(E) 泉涸，魚相與處於陸，相呴以濕，相濡以沫，不如相忘於江湖

24. 下列二段文字論述曲的創作，選出敘述正確的選項：

甲、秋燈明翠幕，夜案覽芸編。今來古往，其間故事幾多般。少
　　甚佳人才子，也有神仙幽怪，瑣碎不堪觀。正是不關風化
　　體，縱好也徒然。　論傳奇，樂人易，動人難。知音君子，
　　這般另作眼兒看：休論插科打諢，也不尋宮數調，只看子孝
　　共妻賢。正是驊騮方獨步，萬馬敢爭先？（高明《琵琶記》
　　〈水調歌頭〉）

乙、何元朗，一言兒啟詞中寶藏。道欲度新聲休走樣。名為樂
　　府，須教合律依腔。寧使時人不鑑賞，無使人撓喉捩嗓。說
　　不得才長。越有才，越當著意斟量。（沈璟〈二郎神‧論曲〉）

(A) 甲文主張傳奇宜透過故事的演出，達到移易風俗的作用

(B) 乙文認為作者越是有才華，越當以通俗為標準斟酌的文詞

(C) 甲文強調戲曲的趣味性與娛樂性，乙文強調作家的才情

(D) 甲文重視戲曲教化效果，乙文不太在意曲作是否受賞識

(E) 甲乙二文皆主張作曲應費心經營，務必使曲文協合音律

第貳部分：非選擇題（共二大題，占 45 分）

說明：　本部分共有二題，請依各題指示作答，答案必須寫在「答案
　　　　卷」上，並標明題號一、二。作答務必使用筆尖較粗之黑色
　　　　墨水的筆書寫，且不得使用鉛筆。

一、觀點闡述（占 18 分）

　　　　參考框線內的甲、乙、丙三則材料，發表你對「國際人才流
動」的看法。文長限 200 ── 250 字（約 9 ── 11 行）。

> 甲　　臣聞地廣者粟多，國大者人眾，兵彊者則士勇。是以泰山不讓土壤，故能成其大；河海不擇細流，故能就其深；王者不卻眾庶，故能明其德。是以地無四方，民無異國，四時充美，鬼神降福，此五帝三王之所以無敵也。今乃棄黔首以資敵國，卻賓客以業諸侯，使天下之士退而不敢西向，裹足不入秦，此所謂藉寇兵而齎盜糧者也。(李斯〈諫逐客書〉)

> 乙　　本國人才受到他國提供的優渥薪資或居留條件所吸引，為他國效力，造成本國人才外流嚴重。

> 丙　　輸入人才有助提升國家競爭力，但也會剝奪本國人才就業機會、瓜分社會資源、衍生文化衝擊。

二、作文（占 27 分）

　　生命中，我們會經由各種方式與人相遇，也往往在與他人的互動中，更深刻地了解自己的真實性情、發展優勢、人際角色……，從而思考自己的可能或不能。你在人際互動中如何找到自己？對於所找到的自己，你有什麼期待？

　　請以「在人際互動中找到自己」為題，寫一篇文章，論說、記敘、抒情皆可，文長不限。

106年度指定科目考試國文科試題詳解

第壹部分：選擇題

一、單選題

1. **D**

   【解析】 (A) 發聾振「憒」→ 聵

   (B) 「熾」手可熱 → 炙

   (C) 「稗」補闕漏 → 裨

2. **B**

   【解析】 甲、「潸潸」是「淚流不止的樣子」，與「眼裡藏著」不合。

   乙、多情、留影、過目不忘；無心、(……)、過眼雲煙，故選「健忘」。

   丙、由「飢火如焚」可知選「發燒」。

3. **C**

   【解析】 （丙）是「諫無官」時的情況，與後來「置官」對比，因此開頭是（丙）（甲）；接著談諫官的重要性，故為（戊）（乙）；最後「專利國家，而不為身謀」是對任此官職者的要求，故前接（丁）。

   【語譯】 古代沒有設立專職的諫官，上自公卿大夫，下至從事工商的百姓，沒有不能提出諫言的。從漢朝開始，才設立專職的諫官。把天下的政事與四海之內的百姓，所有的得失利弊的規諫，都聚集在諫官身上，讓他議

論這些，他的責任很重大啊！擔任這官職的人，應該注意重大的事，捨棄枝微末節；優先處理緊急的事，不急的事排在後面；專注謀求對國家有利的，而不為自己謀利。

4. **D**

【解析】 (A) 是索馬利的盜獵者，非「肯亞」當局。

　　　 (B) 亞當森未與索馬利族人合作。

　　　 (C) 亞當森「盡一己之力追捕盜獵者」、「並且撰文向媒體投書」。

　　　 (D) 由「故不得肯亞當局的顏面與聲明」可知。

5. **B**

【語譯】 王闓運，字壬秋，另有一字壬父。出生時，他的父親夢到神在家門上寫下「天開文運」四個字，因此將他命名為「闓運」。但是他天性愚鈍，幼時讀書，每天背誦不到百字，還不能完全理解意涵，同學都譏笑他。他的老師說：「求學而被人譏笑，是很羞恥；但被人譏笑而不奮起振作，不如不學算了。」王闓運聽了難過地哭了，回去後更加刻苦勵學，一早起來學的內容，不背起來就不吃飯；傍晚能背出來的，不完全理解意涵就不睡覺。十五歲了，才讀明白古書中詞句的意義。

6. **C**

【解析】 （甲）由「著成信史照塵寰」可知為司馬遷。

　　　 （乙）由「開國文臣第一」「渡江策士無雙」可知為劉基。此聯為明武宗所撰，劉基為朱元璋渡江攻

下集慶（應天府），建立根據地後跟隨他的謀
臣。

（丙）由「衝破藩籬，敎性靈直出」，又有「公可安
然」（化用其籍貫「公安」），可知爲袁宏道。
「柳浪含煙」是袁宏道故鄉公安八景之一。

7. **B**

【解析】 此段文字在說明：君主不該勉強人民歸附他，而是應
該創造人民自願歸附的條件。

(B) 治國失去民心，就如同吃魚的水獺，替深水（淵）
趕魚進去（爲淵驅魚），即君王暴虐，將使百姓悖
離，歸附別處。

【語譯】 勉強讓人笑，其實他內心並不歡樂；勉強讓人哭，他
內心也並不悲傷；勉強讓人行道，可以成就小事，不
能成就大業。瓦器中的醋黃了，蚊子就聚集在上面，
因爲有酸味的緣故，如果只是清水，蚊子就不會聚集。
用貓來招引老鼠，用冰來招引蒼蠅，即使做法再巧妙，
也辦不到。用腐敗的魚驅趕蒼蠅，蒼蠅反而越來越多，
禁止不了，這是用招引牠的辦法來驅趕牠。桀、紂這
些暴君用暴虐之政想要得到太平之治，刑罰雖然又重
又嚴苛，又有何用？

8. **B**

【解析】 北陸初結，指開始結冰之時；東風始興，則是開始融
冰。所以冰層脆弱易破，走在上面必須小心謹慎。以
此喻處世之道。

(A) 安步當車：不慌忙，或指安貧節儉。

　　(B) 臨深履薄：比喻戒慎恐懼，十分小心。

　　(C) 盈科後進：為學應踏實，循序漸進。

　　(D) 危言危行：言行舉止均正直不阿。

9. **C**

【解析】(A) 在《孟子》中，爾用於上對下僅 6.3%，93.7% 為對象不明或其他情境。

　　(B) 「吾」的使用情境以「上對下」居多，故不宜用於「下對上」。

　　(C) 統計數據中明顯可見「爾」用於上對下，「子」多用於下對上。

　　(D) 「爾」和「子」的數據落差較大，變化較為顯著。

10. **C**

【解析】飲酒後身體發熱或口乾舌燥之時，西螺柑的清甜滋味，能醒酒提神，剝開西螺柑時，亦清香怡人。

11. **D**

【解析】(A) 「辱愛弟魏徵」是魏徵自謙自稱詞，「辱」是「承蒙對方如何」的謙詞。可知寄信者是魏徵；「崔老先生台下」是書信提稱語，可知收信者是崔老先生。

　　(B) 魏徵請崔老先生放太宗皇帝回陽。

　　(C) 「台」是平輩用語，由文中魏徵自稱「弟」，稱對方為「兄」亦可知。

　　(D) 由「常只是遇節令，設蔬品奉 祭」與「奈何陰陽兩隔」可知。

<u>12-13 為題組</u>

12. **D**

【解析】 (A) 西方悲劇英雄一開始是懵然無知的。

　　　　(B) 「這種必然性完全能夠為人所理解」。

　　　　(C) 「知其不可而為之」，並未遠遁。

13. **A**

【解析】 (A) 受刑而死也甘之如飴，還求之不得呢！符合「註定在遭受不幸的情況下『知其不可而為之』」，寧死不願降元。

　　　　(B) 此為抒發國破之悲。

　　　　(C) 此為劉長卿藉由弔念賈誼，抒發自己被貶的悲憤情緒。

　　　　(D) 此為丘逢甲離臺時抒發自己的悲痛心情，說自己欲像鴟夷子皮（范蠡退隱經商時取的名字）退隱，回顧河山仍黯然神傷。

<u>14-15 為題組</u>

14. **C**

【解析】 (A) 「殆」是測度，「可」是勸勉。

　　　　(B) 「『其』還有一種用法，表示語氣。這和指稱用法毫無關係。」

　　　　(C) 「『其』的這兩種意義本來密切相連，「他的」就等於「那個……的」。我們因為白話裡用的詞不同，就生出分別。」

　　　　(D) 或為測度，或為勸勉，則是兩種。

15. **A**

【解析】(B) 豈。

(C) 他的。

(D) 若、如果。

<u>16-17 為題組</u>

16. **A**

【解析】(A) 由「花飛莫遣隨流水，怕有漁郎來問津」可知不想外人打擾。

(B) 由「千載避秦眞此地，問君何必武陵回」可知爲非。

(C) 以避秦爲喻，謝是因爲抗元，徐是因爲抗清。

(D) 並非找到「遺址」，而是類似桃花源、可以避居的地方。

17. **C**

【解析】(A) 「武陵」是＜桃花源＞中漁夫家鄉。以徐的處境，應指大陸。

(B) 「漁郎」指外界之人。

(D) 「花飛莫遣隨流水」是不希望外界得知他隱居之所。「朵朵還如人面開」指桃花之美，用「人面桃花」典故。

二、多選題

18. **BC**

【解析】 (A) 腹笥甚窘：喻讀書少。

(B) 杯弓蛇影：比喻為不存在的事情枉自驚惶。

(C) 逢人說項：喻稱揚人善或到處替人遊說、講情。

(D) 拾人牙慧：比喻蹈襲他人的言論或主張。

(E) 一時瑜亮：兩個極富才華，不相上下的人。

19. **DE**

【解析】 (A) 一種鞭打的刑具／撫慰、撫恤。

(B) 一起／供給。

(C) 綴輯、寫作／轄區。

(D) 句末助詞，無義。

(E) 你。

20. **CE**

【解析】 (C) 以觸覺（紮捆得緊緊地）寫聽覺（蟬聲）。

(E) 以視覺（一條飛蛇在黃山三十六峰半中腰裡盤旋穿插）寫聽覺（王小玉說書）。

21. **ABC**

【解析】 (D) 應是表示不能被正統禮法所接受，故視之為魔怪病痾。

(E) 傳達對生命的孤奇領悟。

22. **AE**

【解析】 (B) 因缺水而出水不全的聲音。

(C) 第二節所寫的仍是缺水、未降雨之時。

(D) 形容閃電。

23. **ABD**

【解析】 (A) 語言文字的功能在傳達意義，表述實象，一旦能把握意義實象，便可忘卻語言文字。

(B) 最好的聲音是沒有聲音，最好的形象是沒有形象。（不在表象，而在背後之「道」）

(C) 能承受得起國家的汙穢，才配做社稷的主；能承受得起國家的災禍，才配做天下的王。

(D) 求學是要一天比一天進益，但求道卻是要一天比一天減少，一直減少至合乎天道，就能順應自然，看似沒有作為卻能止於至善。

(E) 泉水乾涸，兩條魚困在陸地上，彼此用嘴裡的濕氣濡濕對方，維持生命，卻不如回到江湖中，優游自在，彼此相忘。

24. **AD**

【解析】 （甲）認為戲曲故事應該要有益於風俗教化，音樂性不那麼重要。

（乙）認為戲曲必須以音樂性優先，須恪守音律。

(B) 以「合律依腔」為標準。

(C) 甲文強調戲曲內容的教化效果，乙文強調重視音律。

(E) 甲文不重視音律（「也不尋宮數調」）。

第貳部分：非選擇題

一、觀點闡述

【參考答案】

　　我認爲國際人才流動是現今社會發展一個不可阻擋的趨勢，甚至改變人民與國家的關係。

　　從個人來看，良禽擇木而棲，個人的才能除了獲得相應的報酬外，也須有適當的舞台供其發揮。「國際人才」在這個「平的世界」有更多的選擇，這不但刺激了個人努力提升自我，也刺激了國家爲了爭取人才而做出改變。

　　以國家角度而言，它所面對的是全球化的國際競爭，若採取保護主義勢必如同李斯所言，徒使敵長我消。故國家一方面應積極吸納國際人才，一方面亦應積極培養本國人才，使之良性競爭、良性循環。且輸入國際人才有助於文化多元、增加文化刺激，爲社會注入活水，增進活力。

二、作文

【範文】

　　人是社會性的動物，也是社會的產物；我們在人際脈絡中尋找定位，也在人際互動中發展自我。

　　記得輔導課有個活動，讓我們用一些簡單的詞彙寫下組員及自己的優點，最後每個人在收到別人的看法後，將它與自己的描

述相互比較，我才驚訝地發現，原來同學眼中的我有那些我自己都沒想到的優點。

　　他們說我「有領導力」、「熱心服務」——我以爲自己只是雞婆了點，只是會在老師問：「誰要幫忙」時害怕大家沉默的尷尬，才自告奮勇，沒想到因此受到大家的肯定。從那時起，爲了不辜負同學的「期待」，我成了「好好先生」，班級的事務、同學的請託，幾乎照單全收，務求「使命必達」，一時間覺得自己重要了起來，有種被需要的虛榮，然而後來卻慢慢變了調。

　　一次，在班級活動的討論中，我信心滿滿地提出建議，卻換來個同學輕蔑地說：「你以爲什麼都是你說了算？」在此打擊下，我才驚覺自己熱心過了頭，不懂拿捏分寸，自我膨脹，擠壓了其他人參與班級事務的空間，也造成我與其他人的摩擦。不僅如此，由於答應了太多同學請託，而沒有衡量自身能力，也使得我分身乏術、焦頭爛額，落得精疲力盡又不討好的下場。

　　經過深切的反省與諮詢過好些人的意見後，我發現自己迷失在他人的稱譽中而模糊了對自己的認識，然而同學的反應給了我調整的契機。現在，我會找到自己在團體中的定位，並把握好人際間應有的分際；我依然喜歡幫助別人，在團體中貢獻所能，希望能回到一開始，不爲稱譽而助人，以及遊刃有餘的人際互動。

大考中心公佈 106 學年度指定科目考試
國文、英文及數學甲、乙選擇（填）題答案

國文

題號	答案
1	D
2	B
3	C
4	D
5	B
6	C
7	B
8	B
9	C
10	C
11	D
12	D
13	A
14	C
15	A
16	A
17	C
18	BC
19	DE
20	CE
21	ABC
22	AE
23	ABD
24	AD

英文

題號	答案	題號	答案
1	D	27	B
2	A	28	K
3	C	29	G
4	B	30	L
5	D	31	C
6	D	32	F
7	A	33	A
8	C	34	E
9	B	35	D
10	A	36	D
11	C	37	B
12	B	38	D
13	A	39	C
14	A	40	D
15	A	41	B
16	C	42	A
17	B	43	B
18	A	44	C
19	D	45	C
20	A	46	A
21	C	47	D
22	D	48	D
23	J	49	C
24	H	50	C
25	F	51	B
26	I		

數學甲

	題號	答案		
	1	2		
	2	5		
	3	4		
	4	1		
	5	2,3		
	6	1,4		
	7	1,2,3		
A	8	8		
A	9	8		
A	10	0		
B	11	2		
B	12	1		
B	13	6		
C	14	1		
C	15	2		
D	16	3		3
D	17	1	或	9
D	18	8		0

數學乙

	題號	答案
	1	4
	2	1
	3	5
	4	1,4
	5	1,2,3
	6	1,4,5
	7	2,5
A	8	2
A	9	9
B	10	6
B	11	0
B	12	0
C	13	5
C	14	8

大考中心公佈106學年度指定科目考試
歷史、地理、公民與社會選擇（填）題答案

歷 史				地 理				公 民 與 社 會			
題號	答案	題號	答案	題號	答案	題號	答案	題號	答案	題號	答案
1	D	27	A	1	A	27	D	1	B	27	A
2	C	28	A	2	B	28	A	2	A	28	A
3	B	29	D	3	A	29	D	3	C	29	C
4	B	30	D	4	A	30	B	4	C	30	D
5	A	31	D	5	A	31	C	5	C	31	D
6	C	32	C	6	C	32	B	6	D	32	C
7	D	33	C	7	D	33	D	7	B	33	C
8	C	34	B	8	B	34	C	8	C	34	D
9	C	35	ABE	9	C	35	B	9	D	35	A
10	A	36	ABE	10	B	36	D	10	D	36	B
11	B	37	CE	11	C	37	C	11	C	37	C
12	D	38	BC	12	A	38	D	12	B	38	D
13	D			13	D			13	B	39	A
14	A			14	C			14	D	40	ACD
15	C			15	C			15	C	41	ABE
16	B			16	B			16	A	42	AD
17	B			17	C			17	B	43	AE
18	B			18	C			18	A	44	CDE
19	A			19	A			19	B	45	ACE
20	B			20	C			20	B	46	BCD
21	C			21	C			21	C	47	ABDE
22	D			22	D			22	D	48	BC
23	C			23	B			23	A	49	AB
24	A			24	B			24	C	50	BDE
25	D			25	A			25	B		
26	B			26	B			26	B		

大考中心公佈 106 學年度指定科目考試
物理、化學、生物選擇題答案

物 理		化 學		生	物		
題號	答案	題號	答案	題號	答案	題號	答案
1	D	1	D	1	D	27	AB
2	C	2	E	2	C	28	ADE
3	C	3	B	3	B	29	CE
4	A	4	D	4	D	30	BD
5	B	5	C	5	D	31	DE
6	D	6	A 或 B	6	A	32	AE
7	A	7	A	7	B	33	BDE
8	C	8	B	8	D	34	ADE
9	C	9	D	9	C	35	ACE
10	B	10	B	10	A	36	D
11	E	11	C	11	D	37	ACD
12	C	12	C	12	A	38	C
13	E	13	A	13	D	39	B
14	A	14	A	14	B	40	D
15	A	15	B	15	C	41	C
16	D	16	A	16	B	42	B
17	E	17	B	17	B	43	B
18	E	18	D	18	D	44	B
19	D	19	B	19	B	45	C
20	B	20	E	20	A	46	C
21	CE	21	ADE	21	CD	47	D
22	BDE	22	DE	22	CD	48	CE
23	ABD	23	ACE	23	CE		
24	ACD	24	BCD	24	BDE		
		25	ACE	25	BD		
				26	BE